Nos vemos en esta vida
o en la otra

Manuel Jabois

Nos vemos en esta vida o en la otra

Planeta

Diseño de la cubierta: Departamento de Arte y Diseño,
Área Editorial Grupo Planeta
Fotografía del autor: © Miguel Selas

Av. Diagonal, 662-664, 08034 Barcelona
www.editorial.planeta.es
www.planetadelibros.com

Primera edición: mayo de 2016
Depósito legal: B. 2.716-2016
ISBN: 978-84-08-14751-0
Preimpresión: Víctor Igual, S. L.
Impresión: Cayfosa
Printed in Spain – Impreso en España

El papel utilizado para la impresión de este libro es cien por cien libre de cloro y está calificado como **papel ecológico**

No eran los pájaros los que volaban.
Era el cielo, que caía.

Xacobe Casas

A mi padre

En febrero de 2014 trabajaba en el diario *El Mundo.* Uno de mis jefes, Agustín Pery, me propuso hacer un artículo sobre el 11-M. Señaló en concreto a una persona que nunca había hablado con los medios de comunicación: Gabriel Vidal Montoya, el menor al que la prensa había bautizado como el Gitanillo. Mi compañero Joaquín Manso lo había localizado en Avilés. Allí lo abordó en su portal para hacerle una entrevista. Gabriel fue arisco con Manso. No quería saber nada de los periodistas ni que le tomasen imágenes. Cada cierto tiempo era asaltado por las cámaras; en su círculo cercano había creado un cordón de seguridad que lo alertaba de la presencia de reporteros. Manso lo convenció para que al menos me conociese y tomase un café conmigo. A Joaquín Manso le debo la publicación de este libro.

Concerté una cita con Gabriel Vidal en febrero de 2014. Llegó acompañado de dos amigos a los que insistió en que se quedasen. Fue amable pero cortante: no hablaría con ningún periódico. Supe después que había llegado a pleitear con varios. Por tanto, no hice uso de nuestra conversación. Pero antes de irme le pedí el teléfono para comunicarme con él; quizás algún día le apetecería hablar. Le telefoneé varias veces. Llegó un momento, a finales de 2014, en que dejó de cogerme el móvil. En primavera de 2015 se puso en contacto conmigo. Había dejado su ciudad, se había instalado en otra y estaba viviendo con una mujer. Me propuso hablar delante de una grabadora.

Yo ya no trabajaba en *El Mundo*, sino en *El País*. Tampoco sabía si me interesaba su historia. La podía imaginar. Tras mantener la primera conversación con él, confirmé mi sospecha: era una historia cualquiera. Yo pertenezco a una familia humilde, crecí en un barrio en el que había de todo; nunca delinquí, pero vi pasar a chicos como él por un lado y otro. Hijos de familias desestructuradas, de padres encarcelados o alcohólicos. Compañeros del colegio que evitaban algunas calles para no pasar por el bar en el que estaban sus padres. Un profesor que más de una vez recibió la visita de su hijo heroinómano en clase para pedirle dinero (se quedaba allí de pie, sonámbulo, mientras bajábamos la mirada al libro). Todas esas cosas las terminamos viendo con naturalidad porque lo eran: unos tuvimos más suerte, otros no. Era una vida divertida y excitante, y a veces aburrida y solitaria.

Cuando contacté por primera vez con Gabriel, yo acababa de publicar un largo artículo sobre una niña, Nora Ayala, muerta a los dieciséis años tras una sobredosis de drogas. Una red la había enganchado a la cocaína para prostituirla después. Una raya, luego otra. Hablé con su padre durante horas en Palma de Mallorca. Me contó que un día fueron a despertarla y no la encontraron en cama. La niña salió de debajo del colchón al cabo de un rato: no quería ir a clase, no quería salir a la calle. Los últimos meses había entendido como parte de la normalidad lo que estaba haciendo con sus amigas. Aquel día, por fin, quería que la tragase la tierra.

Recordé la frase de mi amigo Xacobe Casas que abre el libro: no eran los pájaros los que volaban, sino el cielo, que caía. Recordé cómo la normalidad, cuando no es consciente de su distorsión, lleva al horror de forma natural. Hay mundos en los que el mal pierde su característica fundamental, según Hannah Arendt: constituir una tentación. Eso fue lo que me empezó a interesar de la historia de Gabriel, conocido en su entorno como Baby. Su normalidad era común hasta que se hizo demasiado grande para mantenerla. Sus tentaciones eran las contrarias a las del resto: dejar la calle, ponerse a estudiar, encontrar un trabajo, no robar, no consumir drogas, no pegar.

Antes de los diez años le había quitado por la fuerza las huchas del Domund a unas niñas y la recaudación a un ciego de la ONCE. Antes de los doce fue detenido por tratar de robar un coche. Antes de los diecisiete participó en el mayor atentado terrorista de Europa, el del 11-M, que provocó la muerte de 191 personas en Atocha, y de un inspector de Policía semanas después, en el atentado suicida de Leganés.

La colaboración de Baby fue de forma involuntaria, como reconoció la sentencia; eso no evitó que meses después amenazase a un vigilante del centro de menores diciéndole que le daban igual 192 que 193. Para entonces estaba ya encerrado. Fue el primer condenado de los atentados del 11-M. El único menor de edad. Y su testimonio en el juicio sentenció a su mejor amigo, Emilio Suárez Trashorras, a 34.175 años de cárcel.

UNO

Una mañana de septiembre de 2003 un repartidor de pollos asados aparcó su moto frente al número 10 de la Travesía de la Vidriera, en Avilés, Asturias. Era un motorista de la empresa Artesa, comidas a domicilio. Tenía veinte años y medía alrededor de 1,75. Un chaval flaquito que se movía como un bailarín de *breakdance*. Llevaba vaqueros, una camiseta blanca de manga corta y un casco calimero.

En el portal estaba la pandilla del barrio del Arbolón, unos críos que pasaban el día fumando porros en un muro pegado al garaje, donde veían entrar y salir coches. En aquella época el vecino del primero se asomaba a la ventana, olfateaba el hachís y pegaba gritos diciendo que iba a llamar a la Policía. Se terminó cansando.

El repartidor, que conocía a algunos chicos de cruzárselos en los bares, se paró un momento con ellos. Les dijo que estaba en medio de un reparto y que subía a «pillar unos porros». Los pasaba un vecino del quinto. «Pues nada, tira.»

El barrio del Arbolón, una zona deprimida de la ciudad, tuvo durante décadas el honor de acoger el árbol más grande de Avilés, un olmo gigantesco de cerca de treinta metros al que hirió de muerte un temporal. El periodista Borja Pino, de *El Comercio,* recuerda que se levantaba «erguido y majestuoso» en el cruce de las calles Gutiérrez Herrero, Llano Ponte y la avenida de Gijón. El olmo resistió a la Guerra Civil y la dictadura. Cayó a pedazos en 1973 cerca de donde iba a caer, talado por una paliza, el repartidor de pollos.

Mientras el joven estaba arriba comprando hachís, la pandilla tuvo una idea. Un par de chicos fueron hacia la moto, abrieron el cajetín de comida y sacaron lo que había: un pollo asado y un sándwich calientes. Metieron las bolsas debajo de un coche aparcado y se pusieron a esperar. El repartidor bajó, se despidió de ellos rápidamente («llego tarde»), se colocó el calimero en la cabeza y arrancó la moto.

Minutos después, un Mercedes 500 negro aparcó en la misma calle, subiéndose a la acera. Del coche se bajó un joven nervioso de veintisiete años, aproximadamente 1,80 metros de altura y vestido con vaqueros y camisa por dentro, de una elegancia «dominguera», según Gabriel Montoya Vidal, *Baby.* Raro porque, según la novia del conductor del Mercedes, Carmen Toro, «no se viste nunca, es muy dejado, no se arregla, es muy gitano y viste muy mal. Si no estás encima de él, riñendo, no se arregla nada». Sin embargo, Rubén Iglesias, un amigo suyo, decía que solía ir bien vestido, hasta con corbata: «Yo lo llamaba Titto Bluni porque iba siempre muy elegante».

Tenía el pelo castaño, los ojos oscuros, las pieles blancas y sudadas, y una mirada entre socarrona e ida. Saludó a la pandilla y se puso de cháchara con ella.

Los chavales lo conocían de aquí y de allá, como se conoce a la gente en el ambiente de la calle y los bares. De alguna manera le tenían respeto y temor. Baby recuerda que, en ciudades pequeñas, encontrarse a alguien habitualmente termina desembocando en un saludo formal; las copas hacen el resto. El joven se llamaba Emilio Suárez Trashorras, aunque en Avilés todos lo llamaban el Minero. Baby llevaba un tiempo escuchando hablar de él. En ese momento pensó que por fin lo tenía delante, y que le sonaba de verlo alguna vez porque estaba seguro de que eran vecinos.

A los pocos minutos llegó disparada de vuelta la moto de Artesa, comidas a domicilio. Alguien en Avilés se había quedado sin comer. El repartidor se bajó y se dirigió a Emilio como un poseso. No reparó en que el Minero no estaba cuando él arrancó la moto.

—¿Fuiste tú el que me robó el pollo?

Era todo demasiado prosaico. Hasta para Emilio. No fue casual que el repartidor le preguntase a él, pues era todo un personaje en Avilés. Tampoco que Emilio contestase con ironía que sí, dando a entender que un traficante de drogas, de coches y de dinamita como él había planificado el robo de un pollo asado y un sándwich. Con tanto detalle que había alquilado un piso durante meses y montado un punto de venta de hachís para atraer al repartidor y así, al alejarlo de su moto, hacerse con el botín.

Emilio fue hacia el repartidor y le dio un puñetazo en la cara con el que lo tiró al suelo. Fue un golpe inesperado que hizo que el casco calimero rodase por el suelo. Le pegó uno más en el otro lado de la cara. Y luego se abalanzó sobre él. Dice Baby que fue «una ensalada de hostias», que le rompió la camiseta y que le dio varios puñetazos en el rostro y patadas mientras estaba tirado en la acera hasta que el repartidor pudo salir corriendo.

Los chavales de la pandilla contemplaron la paliza atónitos. Tras terminar, Emilio fumó un porro más con ellos, se subió al Mercedes 500 y desapareció. Uno de los chicos cogió a la carrera el pollo asado y el sándwich, puestos en la carretera, y los metió de nuevo en el cajetín de la moto.

El repartidor regresó acompañado de la Policía con la cara hinchada y llorosa. Los agentes preguntaron a los del Arbolón si conocían al autor de los golpes. Todos dijeron que no sabían quién había sido, que no lo habían visto nunca. El repartidor, por su parte, sólo quería recuperar la moto. No se dio parte, ni hubo denuncia, y el chico de las comidas a domicilio desapareció del barrio.

La somanta había impactado a todos. Aquel método era la forma que Emilio tenía para impresionar a los más jóvenes y hacerse respetar entre iguales. Baby supo semanas después, cuando le vio sacar la pistola y liarse a tiros con unos camellos a veinte metros de la comisaría de Avilés, que la actitud del Minero era la propia de un intocable.

Baby tenía quince años, era un chico de piel oscura y muy delgado, con un ojo caído que le daba aspecto de chaval peligroso. Llevaba siempre encima Ventolín, pues era asmático; en muchas ocasiones tenía que parar, coger resuello y echar mano de él. Pocos años antes los médicos le habían abierto el cuello para extraerle una fístula de la que le salía pus a la garganta; dos cicatrices pequeñas debajo de la barbilla recuerdan la operación.

Dice que se quedó asombrado por aquella mirada medio ida de Emilio, turbia, en cuanto se disponía a atacar a alguien. Baby dice que nunca vio pegar a nadie así. Parecía querer matarlo. Antes de ir a por él, como si tuviese que despachar un rito, se mordió brevemente las uñas. Cuando estaba nervioso, Emilio siempre se mordía las uñas.

Baby hace memoria. La primera vez que le dirigió la palabra a Emilio fue tras la paliza al repartidor:

—Joder, fiera, menudas hostias le has dado —le dijo.

Uno de los amigos con los que estaba Baby aquel día era Iván Granados, de veintiún años. Un chico de gesto aturdido, mirada mansa y buena. Las cejas espesas, oscuras y juntas. Tenía una gordura de san bernardo y le solían llamar Piraña. Baby lo conocía del colegio público Marcelo Gago, aunque Piraña iba algunos cursos adelantado. Volvieron a encontrarse en el barrio, porque Piraña vivía en la Travesía de la Vidriera, como Baby y como Emilio. Los dos tenían algo en común: ni Piraña ni Baby habían acabado el colegio. Baby había trabajado como albañil en obras aisladas. Piraña lo había hecho en un taller de coches, en un concesionario, como fontanero y como peón en empresas de montajes y de la construcción. En aquella época se encontraba trabajando en un servicio de limpieza.

Emilio Suárez Trashorras había reclutado, con una exhibición de fuerza, a dos integrantes de lo que el periodista de *El País* Pablo Ordaz llamaría después «los chicos de Trashorras, la clase de tropa, su fiel infantería». Uno de ellos, Piraña, le dijo «no» en el momento decisivo; otro, Baby, se convirtió en su mejor amigo.

Baby y Emilio empezaron a encontrarse más. O probablemente, dice Baby, a ser conscientes de que se cruzaban más, que es otra consecuencia de las ciudades pequeñas. Quizás lo que había ocurrido, piensa Baby ahora, es que no habían reparado tanto el uno en el otro.

Su segundo encuentro tuvo lugar una tarde en la que Baby y Piraña estaban solos en el muro del portal de siempre. Desde allí vieron cómo el Mercedes 500 paró en mitad de la carretera. Emilio bajó la ventanilla y los invitó a subir.

Los dos se montaron en el coche negro de Emilio. Piraña ocupó el asiento del copiloto y Baby se sentó atrás. Emilio condujo por Avilés; a Emilio y a Baby les encantaba conducir. Baby no recuerda de qué hablaron. Siempre era de lo mismo, como en el portal. De cómo estaban las cosas, de los porros, de la gente de Avilés. Las horas muertas en la Travesía de la Vidriera también se llenaban de la misma forma: vaciles, una trastada, conversaciones sobre la calidad del costo, la fiesta del fin de semana, alguna paliza, una chica. Emilio, dice Baby, fanfarroneaba.

Pararon en el bar Anticuario, un antiguo local

que estaba frente a la ría de Avilés. Baby y Emilio pidieron dos coca-colas; Iván Granados, un café. Emilio conocía a las dos camareras, unas chicas panameñas. Vaciló con ellas y dio a entender que él controlaba, que conocía a mucha gente. Sacó varios nombres importantes de la noche de Avilés, tuvo un par de conversaciones anodinas con Baby y Piraña y al terminar los refrescos se subieron de nuevo al coche y los dejó en el portal.

Allí, en el número 10, si uno da tres pasos atrás observa un edificio que termina con un ataque de arquitecto, como si le hubiese puesto una guinda a la tarta en forma de saliente. Esta mole de viviendas sociales es una especie de heredera del brutalismo inglés, un intento de adaptación de este movimiento al ladrillo ibérico.

Baby recuerda aquellas despedidas en el punto de reunión de la pandilla. Un último porro y una última tontería con la que subir riendo a casa. Aquella noche hizo lo mismo con Piraña. Baby se dio cuenta con los días de que su nuevo amigo no terminaba de encajar en la nueva relación con Emilio. Baby cree que Piraña empezaba a ver a muchos de los que tenía a su alrededor sin frenos. A Piraña le gustaban las putas, le gustaba la cocaína, le gustaba fumar porros. Piraña no entendía que aquello tenía un precio, y que en gente sin estudios como ellos, ni empleo, o empleo precario, el precio era ponerse al margen de la ley. Cruzar una frontera, tampoco mucho; pisar la raya un poco. Baby dice que sospechó que él mismo no sabía dónde tenía el límite a la hora de cruzar la raya. Si se hacían amigos de Emilio, lo serían de un delincuente, de uno de los más importantes de Avilés.

Piraña debió de intuir la clase de relación que le esperaba, porque empezó a salirse. Ya conocía a Emilio; habían dado el uno con el otro un año antes porque Emilio, según dijo, había intentado comprarle un Ferrari al hermano de Piraña. Ese hermano de Iván Granados tenía un negocio de compraventa de coches de importación, varios clubes de alterne y un garaje en la avenida de Alemania, número 45, al que acudían a lavar sus vehículos numerosos agentes de Policía.

Pero no sería hasta otoño de 2003 cuando la relación de Piraña con Emilio se estrechó. A Piraña no le importaba estar con él los fines de semana. Los fines de semana había drogas y chicas, y eran necesarios los amigos; si estaba Emilio, invitaba a todo el mundo. A Piraña le gustaba que Emilio lo invitase a cocaína. Piraña solía pillarle a una gitana, Loli, pero sólo para consumir el sábado y el domingo; algún día entre semana, «rara vez». Los días laborales Piraña no quería saber mucho de ellos. Se veían a veces, pero se situó fuera de la dinámica diaria de Baby y Emilio.

De vez en cuando aconsejaba a Baby y trataba de remediar su deriva. Otras veces era él el que acababa seducido por ellos.

Años después del primer día en que Baby y él se subieron al coche de Emilio, Piraña escuchará a un abogado, el suyo, decir de él a toda España que era un «gregario», por lo que había transitado «por la calle de la amargura». «Le cuesta decidir y decir lo que piensa», dirá este hombre señalándole a él. Y luego la expresión que siempre le ha perseguido en casa, y más tarde en todo el país: «Malas compañías». También se escuchará a sí mismo decir que era consumidor de cocaína «de fin de semana», de unas «dos o tres rayas». Para alguien como Piraña aquello iba a invadir su timidez de una forma tan insoportable que el único desagravio posible era la absolución.

Cuando Emilio volvió a pasar por el portal de Travesía de la Vidriera, Baby ya no estaba con Piraña, sino con Edu, un vecino suyo que vivía en el tercero. Fue pocos días después de tomar las coca-colas en el Anticuario. Emilio paseaba a su perro, un bichón maltés blanco. Empezó a hacerse de noche de pronto, se acercaba el invierno. Emilio estaba de buen humor. Los vio y se le alegró la cara. No habían cruzado entre los tres más de unas palabras cuando Emilio, exultante, dijo que había que «celebrar» aquel encuentro. Los chicos se encogieron de hombros. Estaban en su portal de siempre, liando porros; Emilio vivía al lado.

—Os invito a unos tiros —dijo Emilio.

Baby volvió a encogerse de hombros y asintió, Edu no hizo ningún gesto. Baby llevaba toda su vida encogiéndose de hombros. La primera raya la tomó con trece años en el colegio. No de cocaína, sino de speed. Uno de los alumnos tenía una bolsa en el bolsillo y le preguntó a Baby si quería meterse. Baby se encogió de hombros y dijo que vale. Era la hora del recreo en el Marcelo Gago. El colegio lleva el nombre de un ilustre maestro pionero en la enseñanza de la Educación Física en Avilés. Baby y su compañero se escondieron en un rincón del patio y esnifaron dos rayas de speed. Baby dice que estaba eufórico, que se sintió feliz. Al terminar el recreo se metió en su clase como si nada, aunque acabó saliendo para irse a la calle. Cuatro paredes, dice, eran demasiado para un chico colocado por primera vez.

Después de eso su relación con la droga no fue más allá. Ni siquiera fumaba porros, aunque de vez en cuando chupaba de alguno. La tarde en que Emilio se apareció con un bichón maltés iba a probar la cocaína. Dice que no le dio más vueltas, que hacía las cosas porque sí y sin pararse mucho. No reparaba nunca en su edad, porque al estar siempre con mayores terminaba mimetizándose con ellos.

Emilio les pidió que lo acompañasen a su garaje, situado detrás de la calle, y Baby y Edu obedecieron. Allí, además de varios vehículos propiedad de Emilio, había un trastero. Y en el trastero una enorme bolsa llena de cocaína.

Al llegar, Emilio hizo algo que Baby vería después hacer decenas de veces. Sacó una tabla de madera lisa y la puso sobre el asiento de una Scooter Aprilia que tenía allí dentro. Abrió el bolsón y fue sacando droga con una navaja. Hizo tres rayas enormes sobre la madera. Edu no consumía drogas y prefirió no empezar. Baby sí lo hizo, en dos tiempos, dice, porque la línea que había hecho Emilio era «grandísima». Emilio esnifó la suya. Cuando escuchó a Edu decir que él no quería la raya, Emilio se la metió también. Las «zampó», dice Baby, en un abrir y cerrar de ojos. Y en cuanto acabaron de metérselas, los despidió.

Los tres salieron a la calle. Emilio dijo que subía para su casa, que el perro ya estaba paseado, y Baby se volvió con Edu al portal. De camino, el adolescente le fue contando a su amigo sus impresiones. La cocaína le había puesto «en el cielo», se encontraba «mejor que nunca».

Fumaron un porro de despedida en el portal y Baby subió a su casa. No recuerda qué estaban haciendo su madre y sus hermanas; él se metió en su cuarto, donde tenía tele y consola, y se echó en cama. Primero intentó dormir. Le resultó imposible, así que se puso a fumar compulsivamente mientras veía la televisión y jugaba partidas al Driver en la PlayStation. El videojuego va de un detective de la Policía de Nueva York que se intenta infiltrar en una banda mafiosa debido a sus habilidades de conducción, las mismas que había desarrollado Baby a los trece años.

La noche duró mucho. Tuvo el corazón «a cien», le latía desbocado, y cuando se aburrió de ver la tele y de jugar hizo algo que haría habitualmente los meses siguientes: «comer techo», en el argot de los cocainómanos. O sea, tratar de dormirse sin éxito.

Un par de semanas después tuvo lugar su primera mala experiencia con la coca. Sucedió cuando ya estaba metido en la rutina diaria de consumo con Emilio. Aquel día el móvil de Baby sonó muy temprano: era su nuevo amigo. Emilio estaba en casa solo y quería compañía, quería «charlar». Baby fue hacia allí, y Emilio le preparó en la mesa del salón una raya de coca. Eran las ocho de la mañana. El adolescente no había desayunado y en cuanto se metió la cocaína empezó a sentirse mal. Se puso pálido, rompió a sudar y se mareó: fue a dar con la cabeza contra el marco de la puerta y vomitó. Tuvo que tumbarse en el sofá boca arriba durante un par de horas.

DOS

Miguel Ángel Montoya era hijo de Felisa, *la Peque,* y Manuel, una pareja de gitanos ambulantes que tras dar varios tumbos por España terminaron viviendo en Avilés.

Pilar Vidal era hija de Asunción, Chonita, natural de Zamora, y Andrés. Andrés, trabajador de astilleros, murió pronto, y Chonita crio sola a cinco hijos. Una de ellas estaba enamorada de un gitano, y la chica se propuso emparejar a su hermana Pili, de dieciocho años, con un amigo de su novio, un chico de buena planta de diecinueve que se llamaba Miguel Ángel Montoya, pero al que todos llamaban el Manzano.

Pili y el Manzano se acabaron conociendo en las fiestas de la Luz, un poblado gitano de Avilés, a finales de junio de mediados de los ochenta. La hermana de Pili hizo las presentaciones y los dos dedicaron la noche a bailar en la verbena y a jugar en las barracas.

Se besaron en aquella cita y el Manzano acompañó a su novia a casa. El chico llevaba un pantalón blanco muy lustroso y Pili, de vacile, le hizo subir a un muro para que le robase una pieza de fruta. Tuvo que insistir entre risas porque el Manzano no quería manchar su pantalón estrenado para las fiestas de La Luz.

Se casaron a los pocos meses y tuvieron pronto la primera hija, Tamara. Tres años después, en 1988, nació el segundo, Gabriel. Y al poco, la tercera, Sara. Entonces nadie sabía que el Manzano había tenido dos hijos de una relación anterior en Madrid cuando tenía dieciséis años; Gabriel, *Baby,* los conoció de casualidad, mucho tiempo después, en la celebración de una boda.

Al principio Baby y su familia vivieron en casa de la Peque, la madre del Manzano. La pareja probó a mudarse a vivir sola con sus hijos; alquilaron un piso que no pagaban, por lo que regresaron a la casa familiar.

Para entonces el chico de diecinueve años de pantalón blanco ya estaba enganchado a la heroína y daba unas palizas de muerte a su mujer. Uno de los primeros recuerdos de Gabriel es estar durmiendo en un centro de acogida para mujeres maltratadas de Oviedo.

Él tenía cinco años; habían escapado de casa los tres niños con su madre tras una marabunta de golpes. Pili tenía la cara amoratada y el cuerpo inflado por los puñetazos. Costaba reconocerla. En comisaría les dijeron que habían conseguido detener al Manzano. No fue difícil: llevaba un cuchillo encima y se paseaba por Avilés gritando que iba a matar a su mujer.

Fue la primera gran paliza que recuerda Baby. Los gritos de su madre y los puñetazos de su padre volvieron a repetirse a lo largo de los años; no pararon nunca. Las excursiones de los cuatro saliendo de casa a la carrera en mitad de la noche eran parte del paisaje del barrio.

El Manzano siempre vivió de los atracos, de las pequeñas estafas y de todo tipo de ventas fraudulentas. Subía a su hijo Gabriel al coche, le pedía que esperase sentado en el asiento sin moverse y regresaba corriendo al vehículo con el botín de una farmacia, con chatarra o con lo que fuese. Iban al poblado de la droga, La Maruca, y el Manzano volvía tras un pico para dormitar durante horas al volante mientras el niño esperaba a que se despertase. Pegaba a su mujer como parte de una rutina. Entraba y salía de la cárcel con asiduidad. Baby recita sus destinos: Lugo, Valladolid, Madrid, Villabona.

Un día, cuando Baby tenía doce años, llegó la sentencia definitiva: once años de prisión. Demasiadas condenas acumuladas, cada vez más antecedentes y ninguna intención de dejar de robar y de drogarse.

Baby iba a verlo a la cárcel de Villabona una vez al mes, los fines de semana, hasta que se terminó cansando.

La que no se cansó fue Pili, la madre de Baby. Acudía todos los meses al vis a vis. En una de esas visitas, a mediados de 2003, Pili se quedó embarazada de su cuarto hijo. Ella tenía treinta y cinco años.

La primera vez que Baby se emborrachó tenía siete años. Vivía en la calle Luis Bayón del barrio de La Magdalena; eran doce familiares metidos en una casa de tres habitaciones de la abuela Asunción, *Chonita*, una gitana grande y trabajadora con las rodillas machacadas. Ocho niños y cuatro adultos. A algunos primos los habían dejado sus padres al no poder hacerse cargo de ellos. Otros tenían a su padre metido en la cárcel o en la heroína, y alguno, como Baby, las dos cosas a la vez. La madre de Baby había encontrado un trabajo de jardinera en el Ayuntamiento. Murió la abuela y se acabó la jubilación. A tres primos abandonados por su madre en la casa tuvieron que meterlos internos en un colegio, ir a verlos el fin de semana, sacarlos de vez en cuando. Muchos días la madre de Baby iba a la Cruz Roja a pedir alimentos. De comer había sopa, arroz y pasta cuando se podía; era uno de esos hogares de familia numerosa en los que se educa el paladar a comer ardiendo para no quedarse sin nada. El resto de la vida nada les parece lo suficientemente caliente: podrían sacar un huevo de la sartén y metérselo en la boca, porque la boca se entrenó en la necesidad más que en el gusto.

En aquella época el mejor amigo de Baby era su primo Yoni. Lo llamaban Garban, de Garbancito. Cuando jugaban en el barrio, Baby iba con su primo a pedir agua a un bajo en el que vivían unos amigos de la familia.

—Nosotros decíamos: danos agua, Pili, y Pili nos sacaba un vaso y seguíamos jugando en la calle.

Un día los dos se encontraron con el marido de Pili y en vez de agua les dio a los niños una bota de vino. La vaciaron entre los dos. Un niño de siete años borracho es un espectáculo, dice ahora Baby, que no recuerda haberlo pasado mal. El crío se marea, pero es un «mareo dulce, agradable», en el que «casi no te enteras de nada». El primo de Baby se puso a andar, terminó cayendo de espaldas y se meó encima.

Llegaron a casa de la abuela apoyados el uno en el otro. La madre de Baby interrumpió su trabajo:

—Oléis a vino.

—¿A vino? No sé. Vete a preguntarle a Luis, el de Pili.

Empezaron a notar que estaban borrachos, borrachos de no acordarse de nada. Y los metieron en cama como a dos ángeles de cara sucia. Una pequeña delegación de la familia acudió al bajo del vecino para contrastar la versión.

Efectivamente, Luis los recibió riéndose. Eran amigos de toda la vida de los abuelos de Baby. La familia de Baby volvió tranquila para casa: por un momento creyeron que los niños se habían puesto a beber por su cuenta.

Hace veinticinco años vivían cerca de seiscientos gitanos en los barrios del Nodo, La Luz, Versalles, El Pozón y La Magdalena en condiciones precarias, un mapa de chabolas sin luz ni agua que el Ayuntamiento de Avilés empezó a erradicar con ayuda de los vecinos. El proceso no fue fácil. Muchos gitanos trasladaban sus dudas a la Administración: «¿Nos acostumbraremos a vivir en un piso?». Se levantaron viviendas sociales y se promovió el acceso a la educación de los niños. Cuando Baby nació, el proceso estaba terminando.

El barrio, pese a todo, fue noticia en todos los periódicos nacionales en 2005 tras una gigantesca reyerta entre dos clanes gitanos. Doscientos vecinos de las viviendas sociales se dieron cita en la calle después de que una mujer obtuviese del patriarca permiso para divorciarse. Las dos familias se fueron una en busca de la otra y la pelea terminó con un muerto por apuñalamiento en la ingle —murió desangrado, con la femoral rota— y un detenido que reconoció el homicidio en la fase de instrucción del juicio. El acusado, al que se le pedían treinta años por asesinato, fue absuelto por falta de pruebas.

Con ocho años la misión que Baby y Garban tenían en la vida era no ir al colegio. Dedicaban los días a discurrir la forma de ejecutar su sueño. Baby nunca fue buen estudiante; dejó el colegio en el segundo curso de la ESO. Recuerda que se escapaba siempre: tenían que meterlo en el colegio a través de la puerta de conserjería porque, si lo dejaban en la cola de la puerta principal, se escabullía. Cuando por fin estaban Garban y él en la calle, se sentían libres y hacían cosas de hombres libres e irresponsables; hombres de ocho años. Un día montaron un escándalo en el centro de Avilés. Le robaron un burro a un gitano y lo ataron a un coche sin darse cuenta de que éste no tenía el freno de mano puesto. El animal se puso a tirar del vehículo, entre el jolgorio general, hasta llegar a un cruce del centro en que no quedó más remedio que parar el tráfico.

Antes de los diez años Baby y Garban habían robado las huchas del Domund a unas niñas, la caja de un ciego de la ONCE («metimos la mano por la ranura y nos llevamos en silencio los tacos de monedas de quinientas pesetas»), treinta mil pesetas a un butanero que se dejó la riñonera en la cabina del coche, la recaudación a un conductor de autobús que había aparcado para tomar café... Con el dinero comían en Telepizza y jugaban en los recreativos. Un día acabaron en Oviedo, otro día se fueron a la playa de Salinas haciendo autoestop gracias a que los recogió una chica a la que dijeron que se habían escapado de casa y querían volver. Llegaron al mar y se encontraron con unas temperaturas heladas: pasaron la noche entre cartones y plásticos de un contenedor hasta que los encontró la Policía y los devolvió a casa. Garban entró de forma pacífica en el coche patrulla; a Baby, que se negaba a dar su nombre, lo redujeron por la fuerza.

Baby fue detenido por primera vez a los once años. Ocurrió en el barrio de La Magdalena por robar un coche. Se había juntado con un amigo, «otro quinqui», y en las horas muertas que debía haber ocupado el colegio idearon un plan.

Pasearon por una calle en la que había un colegio y un instituto, llena de vehículos aparcados. Vieron un Ciento veintisiete y tras cuchichear estuvieron de acuerdo en robarlo. Se acercaron al Seat cuando anochecía y, mientras uno cubría, el otro rompió el cristal pequeñito, el triángulo del conductor, para abrir la puerta desde dentro. Ya en los asientos los dos niños hicieron un puente. Encendieron el coche y, antes de arrancar, sin saber conducir ninguno de los dos, paró a su lado una furgoneta de la Policía Nacional. Un vecino dio la alarma. La furgoneta se había colado en la calle con las luces apagadas cuando ellos estaban pelando cables.

Al año siguiente Baby, con doce, fue detenido de nuevo. Se inauguraba una exposición de pintura en Avilés y los políticos locales se habían presentado allí. Baby quiso entrar con un amigo, pero no se lo permitieron. Rodearon el edificio para intentar colarse por la puerta de atrás del pabellón; también allí se encontraron con personal de seguridad. Cansado, Baby observó que en la zona había tirados unos *sprays.* Fue a la puerta de la exposición y, con las autoridades dentro, escribió: «Puta políticos».

Un año después, cuando tenía trece, estaba de copas con su pandilla en la calle de la Ferrería cuando se inició una gigantesca pelea. Acudió rápidamente la Policía y las dos pandillas tomaron la decisión de cargar contra los agentes, se fueron a por ellos hasta que llegaron refuerzos y sofocaron las agresiones. Baby acabó declarando en comisaría.

Todo aquello entraba dentro de la excepcional normalidad del barrio y de su familia, y además de no recibir nunca castigos ni sanciones administrativas, en La Magdalena se atendía a aquellas minucias sin levantar una ceja.

Baby le ha perdido la pista a su mejor amigo. Sabe que Garban tuvo un juicio por robo del que salió absuelto: tras conocer la sentencia se presentó en el despacho de su abogada y le robó por la fuerza todo lo que tenía. Terminó en la cárcel. Sus negocios pasan por etapas en las que vende cocaína y otras en las que roba bolsos en discotecas. Eso en el plano profesional. En el personal Baby dice que ha sentado cabeza: se casó y tuvo un hijo.

TRES

En cuestión de pocos días la amistad de Baby y Emilio se estrechó. Baby dice que tras coincidir alguna vez más, Emilio empezó a llamarlo a casa o al teléfono. Quedaban, tomaban algo por Avilés, salían de copas. Baby estaba deslumbrado. Emilio era mayor que él y el que controlaba la noche, «el que manejaba». Movía «lo que le pidieras», y la gente de Avilés, el ambiente, lo trataba con respeto. Bebía, pero no bebía hasta emborracharse, y muchas noches las pasaba con coca-cola y cocaína, sin mezclar el alcohol y la droga. Invitaba a todo, Baby nunca pagaba nada.

Le llamaba Milio y le copiaba los gestos, las inflexiones de la voz. Según Baby, a Emilio le gustaba de él tener siempre a su lado a un chico que le admiraba. La diferencia de edad era fundamental para que la amistad funcionase: Baby nunca hacía preguntas y de esta forma Emilio, inmerso en decenas de negocios, se ahorraba sus respuestas. El Minero tenía tantos frentes abiertos que no contaba con explicación para todos. En el momento en que inició su amistad con Baby, agonizaba la relación con un viejo amigo íntimo, Antonio Toro, que desconfiaba del noviazgo de Emilio con su hermana Carmen y decía, a quien quisiera escucharle, que aquello sólo la iba a meter a ella en un lío.

«A mí siempre me quiso dar mejor vida», dijo Carmen Toro sobre su hermano al diario *Sur* en 2007. «Cuando éramos pequeños mi padre tuvo un accidente laboral y estuvo dos años en el hospital. Lo pasamos mal económicamente. Toñín siempre me cuidó. Es más, me pagó mis estudios de Estética y Peluquería y me daba todo lo que quería.»

Toro y Trashorras habían sido detenidos en 2001 en la Operación Pipol de tráfico de drogas y explosivos. En aquella ocasión se encontraron en un garaje de Toro 16 cartuchos de Goma 2, 94 detonadores eléctricos, dos pistolas, munición, 84 kilos de hachís, tres kilos de cocaína y cantidades de marihuana, pastillas y sustancias para adulterar drogas. Emilio no llegó a pisar la cárcel: se ofreció como confidente a la Policía y comenzó a brindar a los agentes varias operaciones de éxito a cambio de su blindaje. Toro estuvo cinco meses en prisión preventiva. La nueva influencia de Emilio consiguió sacarlo antes de Navidad. Ahora Toro acababa de ser detenido otra vez, en junio de 2003, por tenencia de 157 gramos de cocaína. Se encontraba pendiente de juicio. Esa detención provocó el retraso en la boda de Emilio y Carmen Toro; finalmente, fijaron la fecha para el 14 de febrero de 2004, San Valentín.

Los chicos de Trashorras se movían por Avilés, por Gijón, por Oviedo. En el lumpen eran famosos; en la noche de Avilés, el Minero era uno de los delincuentes más conocidos, alguien por quien pasaba todo lo ilegal: cuando no como ejecutor, sí como servicio de asesoría y contacto. Drogas, explosivos, armas, coches y lo más valioso de todo: la Policía. Baby dice que los agentes comían en su mano.

El Minero y Baby pasaban juntos todos los días: Emilio iba a timbrar a su portal, a la Travesía de la Vidriera, 10, segundo piso, y Baby bajaba a la hora que fuese. Cuando Carmen Toro empezó a trabajar en una empresa de seguridad en Hipercor, tenía turnos en los que entraba de madrugada. Entonces Emilio aprovechaba para salir de casa e ir a buscar a Baby. Timbraba a esas horas, cinco, seis de la mañana, y Baby bajaba. Sin más.

—Yo me escapaba de casa a esas horas para irme con él. Y ya echábamos todo el día juntos.

Conocían todos los clubes de alterne y muchas noches acababan allí; a veces solos y otras en compañía de más amigos. El Teclas, el Horóscopo, el Paladio, Baby los recita como el padrenuestro. Lugares de carretera, muy baratos y de clientela fantasmal entre semana, puntos en los que las redes de trata de blancas dejaban prostitutas menores en muchos casos.

El club Teclas está en la carretera vieja de Gijón y es una casa cutre, de fachada rosa pálido con el teléfono fijo puesto en vertical y un letrero, «Teclas Club», en el que aparece el detalle de un piano y una copita de cóctel. Emilio tenía varias chicas fijas en puticlubs de la zona, también en el Teclas, aunque a veces le gustaba presumir y probar, como decía, «género nuevo».

Una noche se presentaron en el Teclas Iván *Piraña,* Antonio Toro, Richard (socio de Toro), Emilio y Baby. Emilio se hizo cargo de la cuenta, como siempre: las consumiciones y las chicas eran cosa suya. Subió con una a las habitaciones —fue el único que lo hizo— y bajó a los diez minutos pegando gritos y dirigiéndose al encargado dando empujones: «Menuda puta mierda tienes aquí, que sólo se pone ahí en la cama como un mueble, no sabe hacer nada, y encima va y me tira un gramo de coca». Se montó una escena antes de que la pandilla saliese en sus coches en dirección a Avilés.

En el club Horóscopo trabajaba desde finales de los ochenta Francisco José Lavandera, un hombre con un escorpión tatuado detrás de la oreja derecha. Fue minero, obrero de la construcción, soldado de un cuerpo de élite del Ejército español, mercenario en guerras africanas, domador de pitones y portero de puticlub. Su último oficio le arruinó la vida.

Baby nunca tuvo contacto con él; Lavandera sí se cruzó con Emilio y Antonio Toro en 2001, y aquella relación terminó explotando años más tarde a causa de las denuncias del primero. Lavandera conoció a Toro cuando tenía una tienda de animales y le ofreció un bóxer; Toro a su vez tenía su negocio de compraventa de coches en Piedras Blancas y le ofreció un automóvil. «Una relación normal», dijo Toro en el juicio. Semanas después, Toro, que según Lavandera gastaba enormes cantidades en el Horóscopo y tenía dentro a dos chicas que trabajaban para él, le ofreció explosivos. Lavandera dijo al juez que se lo tomó a broma porque el puticlub estaba siempre lleno de gente («era un hervidero»). «Yo creo que me pongo a ofrecer explosivos hoy en un club y dos horas después se me cae encima la Policía de media España», respondió Toro.

A Toro le cayó encima la Policía un día después de enseñarle a Lavandera el maletero de un Xsara dorado: allí había, según Lavandera, fardos de Goma-2 ECO, que era lo que ponía en los envoltorios. Le insistieron en el juicio y lo confirmó. Aludió Lavandera a su trabajo en la mina veinte años atrás, en el Pozo de Oñego y en el Pozo de Zamuña, en

Hunosa, para darle más seguridad a su información, pero le advirtieron que dos décadas antes ese tipo de explosivo no existía.

Para entonces Lavandera ya estaba «cantando» a la Policía. Lo hizo desde el principio, reclamando discreción para evitar represalias, pero al llegar al puticlub al día siguiente de hablar por primera vez con un agente, un electricista que trabajaba allí lo llamó chivato. Dijo Lavandera que ya había colaborado con las fuerzas de seguridad denunciando bandas de rumanos, bandas de colombianos y bandas de españoles; organizaciones de tráfico de pasaportes, menores y armas. Dijo Lavandera que tras ser detenido Toro en la Operación Pipol por tráfico de drogas, regresó al cuartel de la Guardia Civil a reiterar su denuncia también por explosivos. Y dijo Lavandera que a las pocas semanas apareció en el Horóscopo Trashorras para ofrecerle un coche, un Saab 900, que se supo robado, y de paso cuatrocientos kilos de dinamita. Los agentes, según Lavandera, le pidieron días después que preguntase por esa dinamita: Trashorras le dijo que ya le quedaban sólo doscientos quilos. Lavandera informó a los agentes de que él y Toro buscaban a gente que supiese «montar bombas con móviles».

El guardia civil al que informaba Lavandera le grabó en su portal sin que él lo supiese; el sonido es malo: se escucha tráfico. En esa cinta Lavandera denunciaba que Toro y Trashorras estaban ofreciendo enormes cantidades de explosivos y cómo otro confidente, Nayo, mezcló a ETA con los asturianos (Nayo contó que en el aparcamiento del puticlub Horóscopo habían quedado Toro y los terroristas para hacer una operación, y que los etarras quisieron llevarse la dinamita por la cara, y terminaron todos a tiros; no hubo ninguna prueba, ninguna confirmación). El agente con el que hablaba Lavandera era Jesús Campillo. Los dos, Lavandera y Campillo, terminaron trabando amistad. Campillo elevó la grabación a un superior, que inició una operación que no llevó a ninguna parte. La cinta perdida en un cajón apareció tres años después, en 2004, debido a un traslado de las dependencias policiales.

La vida de Lavandera cambió. Fue el testigo protegido más famoso de España. Había empezado una relación con una menor de edad que era explotada sexualmente en el Horóscopo, Elisángela Barbosa, *Lorena*; ella bailaba con las serpientes que él entrenaba. La sacó del club, se la llevó a vivir a casa, enamorado, se casaron, tuvieron un hijo; Lorena seguía trabajando en el Horóscopo, pero sólo como bailarina.

El 3 de diciembre de 2004, ya separada de él, compró cocaína a un camello vasco y terminó el día metiéndose en las aguas de la playa de San Lorenzo; había avisado a sus amigas y a su exmarido de que se iba a suicidar. Los servicios de emergencias y las Policías Local y Nacional desplegaron un dispositivo para localizar a la mujer, que llegó a ser vista por varios surfistas que se encontraban en la playa. Se informó de que un helicóptero, dos camiones de bomberos, una zódiac, dos embarcaciones de salvamento marítimo, una UVI móvil y cuatro unidades de la Policía Nacional y otras tantas de la Policía Local se desplazaron a la zona. En una entrevista en el diario *El Comercio,* Lavandera denunció, sin embargo, la pasividad de los agentes.

«Estaba comiendo lejos de Asturias y me envió un mensaje: "Cuida de nuestro hijo. Te quiero mucho, pero voy a acabar con mi vida. He intentado cortarme las venas, aunque no sangro. Estoy en el mar [...]". Llamé al 112 y me pusieron con la Policía. No contestaba. No tengo mucha suerte con la Policía. Luego hablé con la Local y les dije que mi mujer intentaba suicidarse. Me contestaron que no había nadie en el agua, que estaban mirando por las cámaras y no aparecía nadie en una situación de peligro. Me dijeron que me quedara tranquilo y yo me quedé tranquilo.»

Una hora después le llamó el jefe de Emergencias: «Me dijo que había sido atropellada por un coche y que estaba muy grave, pero luego añadió: "Mira, tío, no te puedo engañar, Lorena está muerta, se ahogó y no pudimos hacer nada por ella"». No fue al funeral por recomendación del juez (era testigo protegido), y su corona la pagaron sus escoltas «a escote». «Estaba sola y triste», dijo. Iba a cumplir veintitrés años.

En meses posteriores, aquel portero del Horóscopo, epicentro de las juergas de Emilio Suárez Trashorras y Antonio Toro desde 2001, denunció la muerte de sus animales, un intento de asesinato y el envío de fotos de la autopsia de su exmujer «colgada como una res en el matadero», de las que el ministro del Interior dijo en el Congreso que no existían: «No quedó acreditada ni la existencia de las fotos ni, en el caso de que existieran, que éstas pertenecieran a su esposa».

Varias semanas después de conocer a Emilio Suárez Trashorras, Baby se metió en el tráfico de hachís a causa de su madre.

Los vis a vis que Pilar tenía con el Manzano en Villabona no sólo eran para mantener relaciones sexuales. En ellos, la mujer aprovechaba para entregarle a su marido hachís que él vendía en la cárcel por el doble de lo que costaba en la calle, como era habitual. Luego ella recogía el dinero recaudado para sostener económicamente la casa. Baby y su hermana mayor lo sabían, pero nunca le dijeron nada. Hasta que un día, animado por su nueva amistad, Baby encaró a su madre.

Primero ella lo negó. El chico insistió: no estaba reprochándoselo, sólo le estaba diciendo que él conocía a alguien que podía dejarle el hachís más barato. Era una persona de su confianza, un amigo del barrio que lo hacía al por mayor. Finalmente, la Pili, como era conocida, cedió: al fin y al cabo las ganancias serían mayores. Le pidió a su hijo que anduviese con cuidado.

Esa tarde Baby habló con Emilio. Emilio sabía que el padre de Baby estaba en la cárcel porque él mismo, en alguna visita a Villabona, se había cruzado con el chico cuando aún era un niño y visitaba al Manzano cada mes. Baby le contó que su madre le estaba llevando a su padre hachís para que él lo vendiese dentro, y de ese dinero, más los trabajos ocasionales de su madre, iban viviendo en casa.

La Pili estaba embarazada. Y tenía tres hijos más. Emilio llevó a Baby al trastero y allí le dio una plancha de hachís de doscientos gramos. No se la quiso cobrar: se la entregó gratis. Era un gesto de confianza, le dijo, un detalle de amigo.

Cuando Baby apareció en el piso con esa cantidad de hachís, su madre se escandalizó. Le dijo que era mucha droga, que ella no podía presentarse en la cárcel con una cantidad así porque no regresaría a casa: la encerrarían allí mismo. Baby recuerda sus gritos: «Dónde vas con eso, ¡yo no quería tanto!». Los dos fueron a la cocina y con un cuchillo cortaron un pedazo. Aproximadamente cincuenta gramos, que era lo que la Pili solía pasar en prisión.

Baby cogió los ciento cincuenta gramos de hachís restantes y se los devolvió a Emilio en cuanto lo vio. Pero Emilio no lo quiso: era un regalo y tenía que aceptarlo. Era fácil lo que podía hacer con él: o bien fumarlo, o bien moverlo por el barrio. Se recomendaba lo segundo. Emilio le dijo que no le cobraría esa primera entrega. Los siguientes doscientos gramos se los dejaría «extremadamente» baratos: ciento ochenta euros. Esa cantidad ya la ganaba Baby vendiendo menos de cien gramos, así que podría ganar más del doble. Concretamente, a los ciento cincuenta gramos regalados de Emilio, Baby les sacó cuatrocientos euros.

El primer cliente de Baby fue Iván Granados, *Piraña.* También fue al primero al que le contó que estaba en el negocio, que se iba a estrenar vendiendo hachís. En unos días, el 15 de diciembre de 2003, Baby cumpliría dieciséis años. Piraña corrió la voz, Baby corrió la voz, y el propio Emilio, para la venta de *posturas*, cantidades al por menor a porreros de Avilés, le empezó a desviar clientes.

En cuatro días Baby vendió los ciento cincuenta gramos de hachís. Emilio le empezó a pasar entonces planchas de doscientos. No le pedía el dinero por adelantado, como es lo habitual, sino para cuando lo recuperase. Eso hizo también Antonio Toro, el cuñado de Emilio, con un pobre diablo de Avilés que necesitaba dinero de forma inmediata: Iván Reis Palicio, *Jimmy*. Baby nunca le falló a Emilio; pero Jimmy le falló a Toro, con consecuencias desastrosas para él.

En cuestión de unas semanas el negocio de Baby se extendió por Avilés y municipios vecinos. A eso contribuyó su padrino, Emilio, el capo de la noche. A Baby se le pagaba al contado, no fiaba nunca y pobre del que le hiciese una jugada. Baby dice que todo el mundo sabía quién estaba detrás de él. Pese a todo, se armó con una pistola. Una del calibre 22 que le dio Emilio, que guardaba armas en casa. Cuando iba a mover una cantidad más grande de lo habitual, Baby la llevaba oculta dentro del pantalón, con la culata fuera, como se suponía que tenía que llevarla.

Su madre miraba para otro lado. Oficialmente no sabía nada. Conocía la nueva relación de su hijo, sabía que Emilio Suárez Trashorras era «un pieza», como le llamaba, pero a pesar de sus consejos e indicaciones se sentía impotente. Se encontraba embarazada del cuarto hijo, con un marido en prisión y trabajos ocasionales, uno de ellos (introducir hachís en prisión) ilegal. Baby empezó a dejar dinero en el piso de la Travesía de la Vidriera. Al azar, encima de la mesa de la cocina, de una cómoda. Cincuenta, cien euros. Su madre lo cogía sin decir nada. A veces, si Baby dejaba de aparecer dos días por casa, estallaba alguna bronca.

Baby cree que ella podía pensar que él «trapicheaba un poquillo». Su sospecha se debe a que un día lo encontró con un kilo de chocolate encima.

Baby lo tenía en su habitación para vendérselo a alguien. Bajó a la calle con la droga escondida y se encontró todo un panorama nada más salir del portal. A unos metros su madre, y un poco más allá, por la carretera, una patrulla de la Policía Nacional. Se dio la vuelta bruscamente y se metió en el portal de nuevo para subir a casa. Su madre, alarmada por el gesto, subió corriendo detrás de él. Y justamente cuando Baby estaba sacando el kilo que llevaba metido en el neceser, apareció ella en su habitación. Le preguntó qué hacía con aquello, y Baby respondió que no era suyo, que era de Piraña, pero que se lo guardaba él porque estaba la Policía abajo. Dice Baby que su madre no preguntó más. Dijo: «Ah, vale».

La escrupulosidad de Baby con el negocio era propia de un novato; su jefe, Emilio Suárez Trashorras, hacía lo contrario. Adquiría enormes cantidades de hachís a crédito con su cuñado, Antonio Toro, que luego no pagaban. Eso les generaba cantidades enormes de dinero y les hacía estar continuamente en el filo. Lo contó Emilio en 2010 al director de la cárcel de Mansilla de las Mulas, en León, en una carta a la que tuvo acceso el periódico *La Nueva España.* Lo confesó a propósito de la que sería su última gran operación de tráfico de hachís, con un ciudadano marroquí nacido en Tetuán: un hombre llamado Jamal Ahmidan, el jefe del tráfico de hachís en Carabanchel (Madrid), al que llamaban el Chino.

«Mi intención, tal como venía haciendo con los traficantes con los que trataba, era no pagarles absolutamente nada. A la postre, nuestro negocio consistía básicamente en eso, adquirir mercancía a crédito y no pagarla [...]. Es un hecho que hemos sido juzgados en alguna ocasión por liarnos a tiros con algún acreedor», contó Emilio años después.

Durante las semanas en que Baby y Emilio fueron uña y carne, un tiempo que transcurrió entre finales de 2003 y marzo de 2004, el chico pudo comprobar que las cosas no funcionaban siempre bien en el mundo de su amigo. A la compraventa de coches, tráfico de drogas y paga de la jubilación, Emilio sumaba en su garaje un parque móvil con dos *quads,* una moto (utilizada sólo para colocar sobre ella una tabla con la que consumir cocaína) y, según contó Baby aquellos días, un Opel Calibra negro, un Escort Cosworth, otro Escort, un Mercedes y un Audi. «Cantaba mucho —dice Baby—, pero no respetaba nada.» Ese «le daba igual todo» con el que insiste el adolescente incluye sus relaciones con otras bandas de traficantes.

Un día se presentaron en la calle en que vivía Emilio unos individuos con los que había tenido un problema relacionado con el tráfico de hachís. Ocurrió detrás de la Travesía de la Vidriera. Baby recuerda que los hombres le buscaban para darle una paliza después de que Emilio le hubiese pegado a uno de ellos. En cuanto los vio venir, Emilio subió corriendo a casa y bajó armado con una pistola. Se lio a tiros en la calle mientras los otros salían corriendo.

Sucedió todo con la Policía delante. Los agentes, sin salir del coche, le pedían a Emilio que parase de disparar. Dice Baby que Emilio contestaba «y una mierda» mientras apretaba el gatillo. Cuando no quedó rastro de sus asaltantes, subió a su casa, guardó la pistola y acudió a la comisaría, que tenía al lado, a declarar. Esa vez no lo detuvieron.

Emilio, dice Baby, buscaba dinero, dinero y dinero. «Y ser el que más.» Baby recuerda ir con él en el coche, ponerse al lado de un coche patrulla de la Policía Nacional, adelantarlo, tirar del freno de mano y vacilar mientras los agentes pasaban de él. «Pijadas», las llama Baby, que dice que eso lo hace cualquiera y lo detienen. «Pero él siempre actuaba en Avilés como si no existiesen.»

En sus días como traficante, Gabriel Montoya, *Baby,* conoció a mucha gente. La mayoría de ella relacionada con Emilio Suárez Trashorras. Fueron semanas en las que Baby estrechó relaciones con Antonio y Carmen Toro, con Ricardo Gutiérrez Sepúlveda, *Richard.* Conoció a Manuel García Rodríguez, inspector de Policía que se veía mucho con Emilio y a quien debía la impunidad con que se movía por Avilés; meses después sería conocido en toda España como Manolón. También trató a Javier González Díaz, *el Dinamita,* un hombre mucho mayor que él, de complexión fuerte, pasado de kilos, pelo abundante y bigote.

El Dinamita tenía unos cincuenta años cuando conoció a Baby. El Dinamita dijo en el juicio que les unió una obra cercana a la Travesía de la Vidriera a finales de 2003; el hombre iba a echar una mano a un vecino albañil, y por ahí se colocó también Baby como peón. Estuvo alrededor de dos semanas, pero dice el Dinamita que no hacía caso a nadie. «Incluso yo tuve una bronca con él porque se reía de nosotros. Le daba el capataz treinta euros y lo dejaba tirado», dijo en el juicio. «No valía para nada», remachó. Un día el capataz se cansó de Baby y le dio un puñetazo en medio de la obra, según el Dinamita. Baby se marchó llorando. Le dieron una segunda oportunidad, pero «no hubo manera». Fue entonces cuando Baby se empezó a juntar con el Dinamita. «Era muy pegajoso», dijo Javier González.

La versión de Baby es diferente: dice que fue él el que se deslomó en la obra durante dos semanas y el Dinamita el que tenía problemas con el capataz. Fue el Dinamita y no el capataz, dice Baby, el que llegó a agredir en medio de una discusión al adolescente. Años después el Dinamita recordó en *La Nueva España* que a Baby lo empezó a conocer porque se lo encontraba por aquella zona y siempre que lo veía el chico le decía: «Papi, cómprame una hamburguesa, que estoy sin comer».

González, *el Dinamita,* explicó en el juicio el origen de su mote; bajo la acusación de tráfico de explosivos y una amenaza de nueve años de prisión, era el peor sobrenombre que podía haberle tocado. Ocurrió, dijo, «en vida de Franco». Y sucedió cuando el propietario de unas explotaciones agrícolas en las que trabajaba le pidió guardar en su casa cajas de platos para practicar tiro en su finca. No en su casa exactamente, matizó, sino en la de su padre, donde él vivía entonces. De esta forma, explicó el Dinamita al juez, un día de verano se encontró las cajas debajo del hórreo de su casa. Apareció la Guardia Civil y descubrió que era dinamita. «No cumplí condena por eso tampoco.»

El único problema que tuvo Baby como traficante, de forma tangencial, fue precisamente con el Dinamita. El adolescente explicó en el juicio que él siempre pagaba a su proveedor, que era Emilio. En una ocasión, en una operación de mayor envergadura, tuvo que venderle una cantidad enorme de hachís al Dinamita. El hombre se había metido en un lío con su socio al robar a otros traficantes veintiún kilos. «Ni uno ni dos, veintiuno», dice Baby.

Ocurrió en el mes de enero. El Dinamita se había puesto en contacto con unos chavales veinteañeros para que le pasasen la mercancía. Quedaron en la entrada de un monte, al lado de una carretera comarcal apenas transitada en el interior de Asturias. El Dinamita hizo la operación con un socio. Ese socio fijó la cita con los chavales en ese lugar apartado, y cuando ya estaba con ellos y el chico traía los veintiún kilos de hachís, el Dinamita apareció de repente en el coche hablando con un *walkie-talkie* como si fuese un agente de la secreta.

—¡Joder, la Policía! —dijo su socio echando a correr. Los chicos hicieron lo mismo: tiraron la bolsa y salieron a la carrera por el bosque.

El Dinamita y su socio cogieron los veintiún kilos de hachís, los metieron en el coche y abandonaron el lugar. Una operación limpia y discreta. No era polen, una categoría superior del hachís, sino ficha; habían ganado unos treinta mil euros.

Hubo que colocar la droga en el mercado por ese precio. Los días siguientes el Dinamita movió sus contactos por Asturias para dar con un vendedor fiable y de pago rápido. Dio con él en Oviedo. Con muy mala suerte: el capo al que le quiso vender los veintiún kilos era el mismo que los había perdido en la trampa del Dinamita. Un hombre de raza gitana «bastante cañero», según Baby, que nada más ver la mercancía observó el sello marcado discretamente en el chocolate. No tenía ninguna duda: era la droga perdida por los chavales en la operación del monte. «Esto es mío», le dijo al Dinamita. Le quitó el hachís, y para que no hubiese más consecuencias, exigió también el pago de los kilos que le acababan de devolver.

Hoy es muy difícil encontrar ficha, dice Baby. «Yo he preguntado por ahí y ya no hay. He visto a gente que fuma y ahora hay polen, todo. Antes había fichas que eran de doscientos cincuenta gramos y venían así, con forma ancha, redondeada. Como unas tetillas [...]. Eso era más malo. Luego estaba el polen, que era lo bueno, que antes venía en piezas de doscientos gramos. Ahora viene en piezas de cien. Y aquello era lo bueno, era lo que se vendía bien.»

El negocio de Baby subió tanto que fue el encargado de interceder con el Dinamita proporcionándole hachís para que recuperase el dinero con el que tenía que pagarle al traficante de Oviedo. Llegó a guardar en casa, entre el altillo del armario y el hueco de la minicadena, unos cuatro kilos de hachís. Él recuerda ir al trastero de Emilio y encontrarse kilos allí colocados, «sin preocuparse de esconderlos ni nada». Un día le dijo literalmente que esa partida, una cantidad inconcreta de kilos que se acumulaba en su trastero, era de mala calidad y tenía que devolverla.

Baby se movía por el barrio, por la zona de bares de Avilés, por Luanco, por Candás. «Aparecía gente de todas partes.» Empezó a vender por placas de cien gramos. A veces una, en ocasiones hasta tres. Podía llegar a ganar en un mes cinco mil euros. Dejaba dinero en la cocina para que lo cogiese su madre y pudiese gastarlo en la casa. Gastaba el resto. ¿Cómo? Ni un coche, ni un piso alquilado, ni un viaje. «Gastar, gastar y gastar. En todo. En la noche, en droga, en invitar, en ropa. No sé. No sé cómo lo gastaba, pero lo hacía. Se gasta, sin más. No ahorraba nada.» Nunca había fumado porros ni se había interesado por ellos hasta que se puso a venderlos. Entonces, como le salía prácticamente gratis, empezó a bajar al portal de la Travesía de la Vidriera piezas de veinticinco gramos de hachís y las fumaban allí entre todos. La Policía ya lo tenía controlado, o al menos lo conocían. «Era imposible que no lo hiciesen: nos cruzábamos bastante y esta ciudad es muy pequeña.» Pero nunca llegaron a detenerlo. Él dice que tampoco se cortaba mucho. «No me escondía para hacerlo ni nada.» Se metía en un portal, en un baño, y hacía el traspaso con el cliente.

CUATRO

El hachís que en aquella época estaba vendiendo Baby procedía de unos contactos que Emilio Suárez Trashorras había hecho en Madrid con un grupo de magrebíes unas semanas antes, a finales de octubre. Uno de ellos era el cabecilla. Baby lo vio por primera vez subido al coche de Emilio. No recuerda la fecha: fue en diciembre o enero. El Mercedes 500 de Emilio cruzó la Travesía de la Vidriera y Baby observó dentro «al moro», como lo llamaba. Un tipo bajo, con mirada de extraviado y gafas, morenito de piel, bien peinado y bien vestido, con camisa. Emilio no se paró con Baby: lo saludó y siguió el camino. Después le comentó a Baby que aquel hombre era el que les estaba pasando el hachís. Subía él mismo con polen, y por lo que tenía entendido Baby, distribuía no sólo en Asturias, sino en otras ciudades del norte de España. Tenía negocios, le dijo, en el País Vasco y en Galicia, donde cambiaba el hachís por cocaína.

El magrebí que Baby había visto de pasada en el coche de Emilio era Jamal Ahmidan, *el Chino.*

Emilio lo había conocido a través de su cuñado, Antonio Toro.

Antonio Toro lo había contactado a través de un marroquí llamado Rafá Zouhier, con el que había estado encarcelado en Villabona. Toro, por la Operación Pipol; Zouhier, por robar una joyería llamada La Luna en el concejo de Siero. A las tres de la madrugada un vehículo en el que iba Zouhier se estrelló contra el escaparate y los ladrones se llevaron desde gargantillas hasta anillos.

Los dos, Toro y Zouhier, salieron de prisión antes de tiempo: Toro por los oficios de Emilio con Manolón; Zouhier porque se prestó él mismo a colaborar con los agentes de la Guardia Civil.

Baby no conoció a Rafá Zouhier. Escuchó alguna vez hablar de él como Rafá, *el Moro.* Emilio, a Baby, le justificaba su relación con el inspector Manolón diciendo que lo tenía a sueldo, de ahí su impunidad policial y la razón por la que Baby no debería tener miedo a la hora de vender hachís.

Fuera de la cárcel, Zouhier se volvió a encontrar con Toro para que éste le presentase a Emilio Suárez Trashorras. Los dos confidentes empezaron a jugar con las dos manos. Zouhier lo era de la Guardia Civil; Emilio, de la Policía. El marroquí de Casablanca puso a los asturianos en contacto con dos proveedores de hachís, los dos marroquíes, los dos con base en Madrid: en 2002, con Lofti Sbai, uno de los narcos más poderosos de Madrid, hijo de un coronel del Ejército marroquí; y en otoño de 2003, con Jamal Ahmidan.

Con el primero, cuentan Manu Marlasca y Luis Antonio Rendueles en *Una historia del 11-M que no va a gustar a nadie,* Zouhier compartía «drogas, fiestas, ropa de marca y gimnasio».

Con el segundo, en proceso de radicalización religiosa, un trato degradante hacia las mujeres, que tenía por decenas: a una llegó a dejarla encerrada en su casa un fin de semana. Para reconciliarse con ella le envió una carta en la que le escribía «no me olvides» junto a un dibujo en el que se veían las Torres Gemelas y el rostro de un hombre de barbas largas al lado de un «viva Bin Laden». Abajo, entre corazoncitos, una frase: «Alá es un Dios, y Mahoma su profeta, y tú eres la chica que más quiero de todo el planeta».

Esa chica esperó cinco años para vengarse de su ex. Lo hizo en el juicio. Declaró que el joven era un fantasma y un fanfarrón de la noche, que sobrevivía entre delincuentes gracias a un equilibrio a veces muy precario pero siempre afortunado. Llegó a comprar un BMW sólo para presentarse con él en Marruecos, pero a la vuelta tuvo que venderlo. Presionó a la chica desde la cárcel para que no contase nada de él. Pero ella añadió algo que hizo mella en la defensa de Rafá Zouhier: «Iba a fiestas y bebía alcohol, pero también guardaba el Ramadán y rezaba [...]. Además, odiaba a los judíos y a los americanos».

Zouhier había trabajado en un gimnasio, en una frutería, en una pizzería, como *stripper,* como modelo, como portero de discotecas y como atracador de joyerías. Fuera de la cárcel compaginaba su gran secreto, ser confidente, con la labor de comisionista y conseguidor. Todo lo tenía a mano: armas, coches caros, drogas y, en 2003, gracias a sus amigos asturianos, explosivos. Después del 11 de marzo, ya encarcelado, dijo a un diputado del PP que le envió un cuestionario, Jaime Ignacio del Burgo, que él siempre había querido ser Policía, por eso desde los dieciocho años trabajaba para las fuerzas de seguridad. «Yo estuve en prisión en Villabona, sí —dijo Zouhier—. Fue la primera vez. Había muchísimos robos de joyerías en toda España. Los joyeros estaban enfadados con el Gobierno por la falta de seguridad. Conseguí infiltrarme en un grupo que iba a mis discotecas. Eran de Lavapiés, Vallecas y Caño Roto. Luego fui a Asturias con ellos a hacer un robo. Fuimos seis y entre ellos estaba Rachid Aglif. Aglif fue detenido en el peaje. Con mi llamada a un taxi dije mi posición y finalmente fuimos detenidos. El único que salió sin fianza fui yo. Estuve cinco meses. Por cierto, salí el último para no levantar sospechas, y me buscaron los mismos guardias civiles para volver a Madrid.»

Zouhier entabló relación con Toro y Emilio haciendo negocio con el hachís. Los incorporó a su ritmo de vida en Madrid: noches a todo trapo en Kapital, cocaína, pastillas y chicas, muchas chicas. Fiestas en reservados de las discotecas de moda, orgías al acabar la noche en el Flowers Park, un apartahotel en Las Rozas con servicio de compañía al que iba con gogós, amigos y camareras. Les presentó a sus amigos, los puso en contacto con el submundo madrileño por el que pululaban porteros de la mafia búlgara, traficantes de droga, prostitutas y, lo más insólito, un yihadista, el Chino, un proyecto de terrorista suicida que censuraba ese estilo de vida, pero con el que tenía que mezclarse debido a sus propios negocios: el tráfico de hachís a gran escala, el robo de coches y, después, la obtención de dinamita.

En febrero de 2003 Rafá Zouhier había reclamado a sus amigos asturianos una muestra de dinamita para vender «a unos búlgaros» que en realidad eran sus controladores de la Unidad Central Operativa (UCO), a los que quería entregar a sus nuevos colegas; entregarlos por los explosivos, no por el hachís, que era el negocio que le involucraba a él. Zouhier, que vivía instalado en una suerte de paranoia permanente para sobrevivir entre los dos mundos, decidió que había llegado el momento de ganar puntos y vender a los asturianos. Entregó a los agentes una cantidad de dinamita en un tarro de cristal que no convenció en comisaría. De hecho, un especialista en desactivación de explosivos dijo, tras echarle una mirada, que el material era «de muy mala calidad, muy antiguo», y que parecía que se trataba de Goma-2. Esos policías dijeron que Zouhier nunca les contó que Toro y Emilio le habían dado también un detonador.

Meses después, el sába do 5 de octubre, Zouhier tuvo un accidente mientras estaba de fiesta con Rachid Aglif, amigo de la infancia y lugarteniente de Jamal Ahmidan y compañero habitual de correrías de Rafá. A Aglif, que tiene unas paletas prominentes, lo llaman el Conejo. Relató en el juicio: «Era un sábado por la noche, salimos de fiesta, y al día siguiente llegamos por la mañana».

Rafá y él aterrizaron en casa del primero de reenganche con dos mujeres. Estuvieron los cuatro hasta avanzado el sábado, cuando ellas se tuvieron que ir. Rafá Zouhier y el Conejo las llevaron a Madrid y regresaron a su domicilio, en las afueras. Desde allí, Zouhier llamó a un amigo, otro Rachid, *el Niño,* para preguntarle dónde estaba, y le pidió que recogiese a una chica y la subiese a casa. Mientras, el Conejo y él se fueron a la Cañada Real, compraron dos gramos de cocaína más y se dirigieron a casa de Rafá. Al llegar, Zouhier se metió en la ducha para cambiarse, y cuando le tocó el turno al Conejo de meterse en el baño, escuchó fuera un estallido en el cuarto de su amigo. Salió y se encontró a Zouhier con las manos llenas de heridas: había estado jugando con el detonador que le había dado Emilio Suárez Trashorras junto a la prueba de dinamita, según el Conejo. A su amigo el traficante Lofti Sbai le dijo que las heridas habían sido friendo en la cocina; a una de sus chicas, gogó, que le había explotado el teléfono en las manos.

«Y ya está —dijo el Conejo en el juicio—. Y le dije: "Oye, ¿qué te pasa, tú? ¿Qué has hecho?". Dijo que había sido un petardo y tal. Y ya está: se cogió, se lavó las manos, se limpió los dedos, fue a curarse y ya en ese rato llegó el Niño con su novia. Y ya está, y nos bajamos al Heaven.»

Todos los nombres tangenciales en las vidas de Emilio, Baby, el Chino o Rafá Zouhier durante esos meses tienen detrás una historia. Rachid *el Niño* fue expulsado de España en 2004 (la reclamación del juez para que se quedase y declarase por el 11-M llegó tarde) y volvió en 2005 con documentación falsa: el 6 de septiembre le dio un hachazo a un magrebí en Leganés, dejándolo herido de gravedad, y el 26 de diciembre mató a un chico, Roberto García Grimaldo, de una puñalada en una reyerta en la discoteca Joy Eslava, de la que huyó. Cuando la Policía dio con él días después y fue a detenerlo, arrancó el coche y atropelló a los agentes. El hermano de la víctima relató en el juicio que el grupo de Rachid trataba de ligar con las chicas con las que estaban; se originó una primera pelea sofocada por seguridad y una segunda en la que Rachid apuñaló en el abdomen a Roberto. «Escuché: "¡Rachid, qué has hecho!". Luego, me reventaron una botella en la cabeza», declaró el hermano de García Grimaldo.

Días después de que el detonador estallase en sus manos, Zouhier, que se consideraba intocable hasta para las peores mafias, tuvo un altercado en una discoteca con el pretendiente de una de sus novias. Éste le pegó una puñalada en la pierna y al marroquí tuvieron que hospitalizarlo. Al sanatorio acudieron, como en un ritual, sus amigos, desde el traficante Lofti Sbai hasta los Policías para los que hacía de confidente, pasando por Emilio Suárez Trashorras y su mujer, Carmen Toro. Allí, postrado en cama, anunció (salvo a sus controladores de la UCO) que le iba a poner una bomba bajo el coche al hombre que lo había apuñalado.

Lofti Sbai declaró que se encontró a Rafá Zouhier a los pocos días de salir del hospital. «Era un fin de semana —dijo— y Rafá quería vengarse del tío que le pegó.» Lofti salió de una discoteca madrileña sobre las 5.30 y se dirigió a otra que cerraba más tarde. Allí se encontró el coche de Rafá Zouhier aparcado en doble fila. Lofti aparcó el suyo y se dirigió hacia él.

—Qué pasa, qué haces aquí. Vámonos.

—No, no, que yo estoy esperando... Me han dicho que éste viene a buscar a su novia porque va a bailar aquí.

La chica era gogó. Zouhier le dijo a Lofti que sabía que el chico que buscaba tenía problemas, y que de todos modos él, Rafá Zouhier, estaba allí porque su chica también era gogó, y estaba bailando también.

—Venga, déjate de rollos, tío, y vámonos de fiesta. Si acabas de salir del hospital, todavía estás operado. Déjate de tonterías, ya está, olvídalo, después se arreglará y tal, venga, vámonos...

Cuando parecía que Lofti lo tenía convencido, Zouhier le dijo que llevaba algo encima: sacó una toalla que envolvía un cañón con muchos agujeros.

—Pero ¿qué haces con esto encima? Que estás en doble fila. Que viene la Policía, te ve en doble fila y tal. Tú estás mal de la cabeza, chico, que se te va la olla un montón.

Según la versión de Lofti, Zouhier le hizo caso y se fue. Los alrededores de la discoteca a esa hora del amanecer madrileño estaban llenos de gente. Cuando la Policía los puso a los dos frente a frente en un careo, Zouhier dijo que lo que él llevaba era un puño americano. «Rafá con un puño americano entra en cualquier sitio, porque siempre va armado. No se va a quedar en la calle si va allí con un puño americano», zanjó Lofti Sbai.

Octubre de 2003 fue un mes decisivo para mucha

gente. Gabriel Montoya Vidal, *Baby,* inició su relación de amistad con Emilio Suárez Trashorras. Emilio Suárez Trashorras conoció el 28 de octubre a Jamal Ahmidan, *el Chino,* que estaba interesado en comprar una mercancía de la que Emilio quería desprenderse: ciento cincuenta kilos de dinamita. El Chino, por su parte, le facilitaría cien kilos de hachís. El encuentro tuvo lugar en un McDonald's del barrio de Carabanchel, frente al hospital Gómez Ulla. Allí se fueron a encontrar, de un lado, Jamal Ahmidan, *el Chino,* y Rachid Aglif, *el Conejo,* y del otro, Emilio Suárez Trashorras; como enlace, Rafá Zouhier. Emilio había viajado desde Asturias con su mujer, Carmen Toro, y con Pablo Álvarez Noya, «un pijo», según Antonio Toro.

Pablo había sido detenido años atrás en Ceuta por tráfico de hachís, y huía, insistió en el juicio, de problemas. Mantenía una amistad de años con Emilio, producto de irse de copas, así que cuando el exminero le propuso que viajase a Madrid con él y con Carmen dijo que sí. «Estaba de vacaciones y me iba a ir pronto a Italia, así que podía aprovechar e ir de tiendas.» Emilio, probablemente el vecino de Avilés con más vehículos a su disposición, se lo pidió porque estaba sin coche; fueron a Madrid en el A3 de Pablo.

La excusa del viaje era llevar un regalo a un recién nacido, hijo de Nordim, viejo amigo de Emilio, y su mujer sudamericana. La propia Carmen, durante el viaje, le enseñó a Pablo el detalle para el bebé: unos patuquitos y una camiseta. Antes de llegar a Madrid pararon en Majadahonda para recoger a un marroquí alto y cachas, muy pintiparado, que respondía al nombre de Rafá Zouhier. «Lo saludé porque soy muy educado», dijo Pablo.

Pablo salió del coche con Carmen y tomaron los dos una coca-cola mientras Rafá y Emilio hablaban. Reemprendieron el viaje a Madrid, estuvieron por el centro un rato, en los alrededores de Colón, donde Pablo no encontró nada que comprar para llevarse a Italia, y se fueron antes de las cuatro a Carabanchel. Allí, en el McDonald's, se sentó con Carmen en una mesa separada, a cuatro metros de la que ocupaban Emilio y Rafá acompañados por «unos cuatro o cinco jóvenes», todos magrebíes. El Chino y el Conejo eran dos de ellos.

Pablo recuerda que le llamó la atención un tipo con una cazadora de cuero. Se lo comentó a Carmen Toro entre risas porque iba, a su juicio, «muy peripuesto». «Fue el único que me pudo llamar la atención. De los demás ni tengo la cara ni los conocí, ni hablé con ellos, ni ningún trato ni nada.»

Al volver de Italia a España y abrir el periódico, reconoció en una de las fotos al chico de la cazadora de cuero: el Chino. El Conejo, por su parte, declaró que, como sus hamburguesas eran de pescado llegó tarde porque se retrasaron en hacérselas. Vio la mesa completa y se sentó también en una mesa diferente. Por tanto, habría tres ocupadas. Amigo desde crío de Zouhier, el Conejo dijo que su participación en la reunión se limitó a hacerle burlas a distancia. Carmen Toro ratificó que se sentó separada de todos con Pablo Álvarez Noya y que antes de ir al McDonald's pararon veinte minutos a darle el regalo al hijo de Nordim. Lo conocía de que era amigo de Emilio, y aunque al principio no le cayó bien, luego vio que se hacía la cama, «y mejor».

Nordim es Yassim Nordim, portero entonces de la discoteca Impacto de Madrid. A él se le acusó de haber puesto en contacto a Emilio con Rafá Zouhier. Lo rechazó en el juicio.

Tras regresar a Asturias, Emilio alardeó de su nuevo contacto: «Tiene la cara como un mono. Se parece a Mowgli, el de *El libro de la selva*». Ese Mowgli compraría dinamita a Emilio y le facilitaría hachís a un precio competitivo. Ése fue el chocolate del que empezaron a fumar en Avilés y alrededores en otoño de 2013, y el hachís que estaba moviendo Baby en el mercado. También el hachís que se acumulaba en el trastero de Emilio por estar, según él, en mal estado. Y por tanto, el hachís que años después, ya encarcelado, Emilio defendió que iba en las mochilas de sus tres chavales enviados a Madrid a reunirse con el Chino.

El propio Emilio Suárez Trashorras, en una carta del año 2010 al director de la cárcel, da su versión del inicio de la relación con los magrebíes. Lo hace de acuerdo con la sentencia, que da por probado que el 28 de octubre, en un McDonald's de Carabanchel, se vio por primera vez con el Chino. Coincide también con lo declarado por su exmujer Carmen Toro y su amigo Pablo Álvarez Noya, al que sin embargo saca de su narración.

«En octubre de 2003 mi cuñado me informa de que alguien ha apuñalado a Rafá y que éste le solicitó explosivos para atentar contra el coche de quien lo apuñaló. Aproveché un viaje a Madrid para visitar a Rafá, que estaba ingresado en el hospital clínico San Carlos. Me explica cómo quiere volar el coche del individuo que lo había apuñalado y que quiere utilizar para ello explosivos. Yo le digo que lo mejor es activarlo a distancia, para lo cual necesitaría un mando y un especialista en electrónica. Me dice que conoce a la persona indicada y la llama en ese momento y le explica que quería encargarle un trabajo. Quedaron en verse en cuanto saliera del hospital. Me comentó que este técnico vivía en [...]. Yo me comprometí con él en ese momento a proporcionarle dos o tres cartuchos de explosivos. El 28 de octubre vuelvo a Madrid junto a mi mujer y nos reunimos los tres con Rafá en la cafetería de Las Rozas. Luego volvimos a citarnos más tarde con la intención de que me presentase a unas personas que estaban interesadas en adquirir unos ciento cincuenta kilos de explosivos. Reunión que se celebró en el McDonald's de Carabanchel, frente al hospital Gómez Ulla.»

Coincide también con lo dicho por Zouhier en el juicio: Rafá se reúne con él en Las Rozas (frente a la comandancia de la Guardia Civil) porque Emilio quiere colocar ciento cincuenta kilos de explosivos. Rafá conoce a quien se los puede colocar: el Chino. Al Chino atribuye (¿por error?) heridas a causa de la explosión del detonador, que Zouhier reconoció siempre suyas y por jugar con el detonador, no para probar nada («si quiero probar con explosivos voy al campo, no lo hago encima de mi cama»).

«A esta reunión —sigue su relato Emilio—, comparece Rafá acompañado de dos individuos, que se presentaron como Jamal Ahmidan y Rachid Aglif. Cuando me los presentan me doy cuenta de que tanto el uno como el otro tienen heridas en la cara. Les pregunté qué les había ocurrido y me contestaron que, manipulando un detonador, les había explosionado. Se trataba del detonador que habíamos entregado a Rafá en febrero de 2003. En esta reunión me proponen intercambiar explosivos por hachís, a lo que les respondo que el intercambio sólo se podrá realizar con cocaína o dinero. Al día siguiente por la tarde recibo una llamada de Rafá, efectuada desde el teléfono de Jamal, diciéndome que ya están en Avilés.

Junto a mi cuñado les entregué tres cartuchos de dinamita y dos detonadores, y me comprometí a acercarme a Madrid días después para instruirlos en el manejo de los detonadores [...]. Quedamos en Las Rozas. Junto a Rafá aparecieron Jamal y otra persona. Rafá me dijo que había quedado con el electrónico, lo llama por teléfono, pasamos a recogerlo en un chalé adosado y nos dirigimos a un garaje cerrado, a fin de trasladar un dispositivo electrónico necesario para la iniciación del detonador, compuesto por una batería de doce voltios, un circuito eléctrico y un mando a distancia. Hicimos una prueba de explosión de uno de los detonadores en un parque. Entonces nos dirigimos a un taller de un electrónico que se dedicaba a la instalación de equipos de música en vehículos de alta gama y presumía de haber instalado uno a Ronaldo. [...] El electrónico dijo que se podía iniciar una carga explosiva a través de un teléfono móvil. Le dije que ese sistema tenía el inconveniente de que con una llamada perdida podía iniciarse, y contestó que existía un tipo de teléfono que, apagándolo y conectándolo al funcionamiento de la alarma, podría servir como temporizador, quedando él en prepararlo de esta forma con Rafá y Jamal. Más tarde, cuando se hace entrega del grueso de la dinamita al Chino, le ofrezco un explosor de manivela de los utilizados en la mina, pero me dice que no le hace falta nada porque se encarga personalmente el genio electrónico.»

Ese «genio electrónico» disiparía muchas dudas sobre la instrucción en explosivos recibida por los magrebíes, pero su figura la pone en duda la Policía: cree que es un farol de Emilio, un personaje inventado.

Según el exminero, el acuerdo al que su cuñado llegó con el Chino era beneficioso para ambas partes. El problema es que Emilio estaba en plena fiebre de dar palos, no cumplir los acuerdos y no pagar lo que le correspondía; el Chino también salía de una jugada parecida. Organizaba robos a narcotraficantes, alguno de ellos con Zouhier.

La reunión de noviembre, en otro McDonald's, esta vez en Moncloa, fue preparada para arreglar un roto: el asturiano no le pagaba al Chino su hachís. Según contó Emilio en 2010, alegaba que era malo y que muchos de sus vendedores, al no colocarlo, lo fumaban; por tanto no reconocía la deuda. En una entrevista a *El Confidencial* en 2014, Trashorras matizó que la deuda era de Toro, y que como el propio Emilio no quería pagarla, propuso que los marroquíes cogiesen la dinamita que quisieran de Mina Conchita. El Chino mostraba mucho interés por la dinamita. Zouhier declaró que a la reunión de noviembre acudió precisamente para proteger a Emilio de Jamal Ahmidan. «Yo me dedico a estas cosas. Me llamó Trashorras y yo fui.» En una carta dirigida a la revista *Interviú* en marzo de 2016, Trashorras confesó que él quería engañar a los magrebíes, y que fueron ellos los que lo engañaron a él.

La cita fue el 17 de noviembre. Acudieron el Chino, el Conejo, Rafá Zouhier, Emilio, su mujer Carmen Toro y alguien más, Antonio Toro, que, según él, iba para que no le ocurriese nada a su hermana, porque no se fiaba de Emilio. Ese día Toro conoció al Chino; a Zouhier lo tenía más visto: aproximadamente cada dos semanas Toro iba a Madrid a buscar el hachís que le pasaba Zouhier como intermediario de Lofti Sbai. Aclararon los términos del acuerdo, acordaron el pago de la deuda con parte de la dinamita y empezaron a hablar de un calendario de transporte de los explosivos a Madrid. La Navidad se echaba encima. En Madrid el Chino ya tenía algo parecido a una célula. También tenía una historia.

CINCO

«Mi madre me despertó diciendo que se había producido un ruido muy fuerte que casi rompe los cristales. Me quedé asombrado. Recuerdo el tremendo choque que me provocó hilar aquel ruido con lo que vi después. Salí puntual para llegar a mi colegio [era un centro escolar dirigido por monjas que estaba en el centro de Madrid]. Cogí el autobús número 10, que pasaba por delante de la estación de Atocha. Recuerdo que tenía miedo, no podía creer el sonido de tantas sirenas [...]. Parecía que el ritmo de la ciudad se había helado, sin más movimientos y ruidos que las ambulancias y las sirenas. Ese día nada era normal, nada. Y nadie volvió a ser el mismo desde el instante de las explosiones. Alguien había cambiado Madrid para siempre, había pasado algo muy horrible. Llegué muy tarde al colegio y cuando entré en clase mis compañeros me aplaudieron porque estaba vivo. Y entonces sentí como si el peligro hubiera pasado.»

Los niños aplaudían el 11 de marzo al hijo de uno de los organizadores de los atentados terroristas que estaban sembrando de cuerpos Madrid. El periodista de investigación de *El Mundo* Antonio Rubio escuchó este relato en 2014, cuando se cumplieron diez años de los atentados del 11-M. Era la primera vez que hablaba Santiago, de nombre Bilal Ahmidan, el hijo de Jamal Ahmidan, *el Chino*. En 2004 tenía nueve años. Le gustaba llamarse Bilal: se enfadaba cuando en el colegio lo pronunciaban mal. «Me llamaban Vilar o Billar y, además, decían que era nombre de chica. Y yo les rectificaba y muy orgulloso les decía que era Bilal, y que era árabe. Ahora son muy pocos los que me llaman Bilal. Mis amigos y la familia paterna.» El cambio se produjo para disolver su identidad. Santiago, por lo demás, era un nombre que lo unía de forma indefectible a España.

El niño fue producto de un encuentro: el que se produjo en la plaza del Rastro de Madrid a principios de los noventa. Una chica de catorce años recién salida del reformatorio y enganchada a las drogas, Rosa, se puso a llorar sentada en un banco. Se lo contaría en 2007 al periodista de *El País* Pablo Ordaz. Cómo al rato se le acercó un chico enclenque con los dientes salidos y torcidos para preguntarle qué le pasaba; ella lo mandó «a la mierda». Luego, relata Ordaz, se hicieron inseparables.

«Vente conmigo, que no te va a pasar nada», le dijo él.

—Yo acababa de salir del reformatorio, porque ya desde bien pequeña había empezado a tener problemas con la droga —le dijo al periodista—. Estaba en una plaza llorando en un banco, drogada perdida, porque no quería volver a casa. No sabía lo que hacer, y entonces apareció un chico feísimo y se sentó a mi lado. Me dijo: «Niña, ¿por qué lloras?», y yo lo mandé a la mierda. Insistió. «Venga, cuéntame, que todo tiene solución.» Él llegó a las siete de la tarde y eran las once de la noche y estaba sentado en el banco preguntándome por qué lloraba. Me insistió, «vente conmigo que no te va a pasar nada», y me fui a la pensión donde él vivía en la calle Fuencarral. Pasaron los días. No me tocó un pelo. Él en una cama y yo en la otra. Trapicheábamos con bolsitas de droga, es lo que siempre hemos hecho, y al mes y medio le dije: «Bueno, tú ¿qué?, eres muy feo, pero ya me estás gustando. ¿No me vas a tocar un pelo?». Yo ya empecé a notar que él era un antisistema total. Estamos hablando del 92 o por ahí, yo tendría catorce años. Era un antisistema, pero muy querido por los amigos.

Una noche de 1993 Jamal mató a un hombre en Tetuán. Había regresado a su país después de tres años en Madrid. Allí, en la ciudad marroquí, regresaba de una boda con otros dos invitados en un taxi. Él tenía veintitrés años. Su hermano Mustafá Ahmidan relató el crimen al periodista Pablo X. Sandoval, de *El País*. Según esa versión recogida por el diario, lo que Jamal contó a su familia fue que se había emborrachado hasta perder la consciencia, y cuando se despertó se encontró con que aquellas dos personas estaban tratando de robarle su anillo. Se enfrentó a ellos y salieron corriendo. Pero al día siguiente uno de ellos fue encontrado muerto. Según su hermano, Jamal volvió a España sin saber que lo buscaban en Marruecos por un crimen.

Su novia, Rosa, supo de la versión de Jamal por la madre de él durante un viaje que ella hizo con el niño a Marruecos mientras Jamal estaba encarcelado.

—Él iba en un taxi. Venía de una boda y se quedó dormido. Llevaba dos anillos de oro y uno de los ocupantes del taxi le intentó robar uno. Se despertó, se bajaron del taxi y pelearon. El otro sacó un cuchillo, éste se lo quitó y lo apuñaló. Pero no fue un asesinato a sangre fría.

Cuando conoció a Rosa, el Chino ya era traficante. Había seguido los pasos de su hermano mayor, Mustafá Ahmidan, que se había instalado en Madrid para dirigir una red de tráfico de drogas. En *Una historia del 11-M que no va a gustar a nadie,* Luis Rendueles y Manu Marlasca informan del carácter quebradizo, dislocado y violento de Jamal: alternaba palizas violentas y ajustes de cuentas con una enorme piedad, que expresaba dando cantidades extravagantes de dinero a mendigos para que saliesen de la calle y donaciones a las mezquitas de Madrid.

—Si se estaban dos pegando en la calle —dijo Rosa al diario *El País*—, se metía y terminaba a bofetadas. Si a algún amigo le pasaba algo, ahí estaba él. Yo le decía: «¿Por qué te metes?», y él me contestaba: «Porque yo quiero morir, a mí no me importa. No te puedo contar más, algún día lo sabrás». Un día me contó que no iba a poder volver a ver a su madre ni a su familia porque tenía una causa pendiente en Marruecos. «Me acusan de haber matado a un hombre», me dijo. «¿Pero tú lo mataste?» Nunca me respondió, jamás. Lo supe por su madre cuando bajé con mi hijo pequeño de seis meses (lo tuve con diecisiete años recién cumplidos) a Marruecos. Él no podía pisar Marruecos porque lo detenían. Yo iba para que la abuela viera a su nieto.

Dos sucesos fueron referidos años después como prueba de su carácter megalómano y mesiánico. Fue internado en el Centro de Extranjeros de Moratalaz en el año 2000 para ser expulsado del país tras una pelea callejera (siempre con identidad falsa); dedicó la reclusión a dirigir motines y provocar a los agentes («aunque me expulséis de España, voy a volver y os voy a matar en menos de una hora»), además de hacer proclamas del estilo «Alá me ha elegido para beneficiar a mi pueblo; mi ilusión es irme a Israel y matar judíos». Marlasca y Rendueles accedieron a un informe del inspector jefe del centro: «Parece que nos encontramos, si no ante un fanático religioso, sí al menos ante un megalómano con las facultades mentales trastornadas que pudiera llegar a poner en peligro la paz y convivencia de este centro». Días después, un interno musulmán informó a un agente de Policía de una avería; se trataba de una encerrona en la que Jamal, *el Chino,* apareció por sorpresa rociándole *spray* en los ojos mientras dos internos le retorcían el brazo y le sacaban las llaves, haciéndose acompañar por él, en apenas dos minutos, a la calle.

Al día siguiente, el jefe del Centro de Extranjeros de Moratalaz recibió una llamada de teléfono: era la voz del Chino llamándolo «torturador» e «hijo de puta» mientras preguntaba por el Gran Satán, en referencia a otro agente. Todos los días, a la misma hora y durante una semana, la llamada se repitió. Ese año 2000 Rosa estaba en la cárcel por tráfico de drogas. Un día que fue a visitarla Jamal, le dijo que se volvía a Marruecos, que había conseguido varios millones, contratado a uno de los mejores abogados del país y quería arreglar sus problemas con la justicia a causa del asesinato de 1993. Lo consiguió: pasó algo más de dos años en la cárcel y su estancia estuvo llena de lujos.

Rosa declaró que no sabe lo que ocurrió en ese tiempo. En la cárcel «vivía como un rey. Hablábamos por teléfono todos los días. Su familia estaba pagando mucho dinero para que él estuviera bien. Cuatro o cinco presos lo protegían». Se telefoneaban de vez en cuando y Jamal Ahmidan, que había sido toda su vida un perdido de la calle, empezó a hablar insistentemente de los crímenes contra los musulmanes.

Dijo ella a *El País:*

—Empecé a notarle raro. Me decía: «Rosa, es que están matando a muchos inocentes, que eso no es justo», y yo le decía: «Pero a ver, Jamal, que no se te vaya la olla», y él me respondía: «es que los españoles os tenéis que levantar y salir a la calle». Y yo le decía: «coño, que me he tirado tres horas en una manifestación que casi me da un ataque de ansiedad en la Puerta del Sol, qué quieres que hagamos más. Nosotros no podemos coger metralletas como hacen en Palestina y liarnos a tiros, Jamal, aquí vivimos en democracia». «Os tenéis que levantar, os tenéis que levantar.» Y luego otro día me comentó: «Cuando salga me voy a ir a Irak», y yo le decía: «A Irak, ¿a qué?». Yo pensaba: «Se le pasará, se le pasará». Y se le pasó... Salió de la cárcel porque lo absolvieron. La madre del chico asesinado no denunció a Jamal.

En 2003 estaba de nuevo en Madrid. Retomó la relación con su familia, les enseñó la casa de Morata de Tajuña, donde había gallinas, un perro, corderos; allí celebraron, el 19 de marzo de 2004, una gran fiesta por el Día del Padre.

—Cuando llegó de Marruecos, vestía de manga corta y por la calle íbamos agarrados, nos dábamos besos... Pero luego, como en septiembre o en octubre, empecé a oír hablar del tal Serhane, *el Tunecino,* y él ya empezó a cambiar. Ya no me agarraba por la calle. Me decía que me cogiera el pelo en una coleta. La expareja de mi madre, que iba con él porque le arreglaba los coches, me decía: «Rosa, hay uno que le tiene comida la cabeza, que está todo el día hablando con él. Ten cuidado que le está diciendo que la española...». Cuando llegaba a casa, yo le daba caña. Y él me decía: «Tranquila, que yo sé lo que tengo que hacer». Por entonces, el niño iba a un colegio de monjas. Tras conocer a Serhane empezó a decir que había que llevarlo al colegio de la mezquita de la M-30, a la madrasa. [...] Todos los fines de semana se llevaba al niño a la finca de Morata y en cierta ocasión también a un amiguito. Compró unas ovejas, unas cabras. Yo lo que veía muy raro es que estaba todo el día con *el Internet,* con un portátil, y una noche lo vi a las cuatro de la mañana con Bin Laden a toda pantalla, y le dije: «Pero bueno, Jamal, ¿qué haces viendo a Bin Laden en Internet?». Ahí me empecé a mosquear —dijo Rosa a *El País.*

El 31 de diciembre de ese año, el Chino lo pasó en Bilbao. Se encontraba en plena recaudación de dinero para la financiación del atentado. Fue a cobrarle una deuda a otro narco, marroquí como él, Larby Raichi. Tras una discusión con él, le pegó un tiro en la rodilla en el bar Txikia de la calle de Pedro Martínez Artola, junto a la plaza Zabálburu de Bilbao, delante de clientes y camareros, en un bar lleno de gente. Ese día su mujer lo llamó para preguntarle si iría a cenar a casa con ella y Jamal contestó que no sabía. Ella dice que escuchó por detrás la voz del Tunecino diciéndole que se dejase de fiestas de cristianos y que fuesen a hacer lo que tenían que hacer. Dijo Rosa que Jamal llegó a casa alrededor de las cinco de la mañana alterado, nervioso y cansado, pidiendo perdón.

SEIS

A Jimmy lo llamaban así por Jimmy Floyd Hasselbaink, un delantero que jugó en el Atlético de Madrid. No porque fuese tan veloz como él, sino porque Jimmy hablaba muy rápido, tanto que casi nunca se le entiende y tiene que repetir las cosas dos veces. Iván Reis Palicio, *Jimmy*, no es del barrio del Arbolón. Él es de Las Vegas, una barriada de las afueras, en el municipio de Corvera. La población creció sobre una pomarada, conjunto de manzanos, origen de la sidra, y después de la Guerra Civil se fueron instalando allí familias que acudían a trabajar en la industria asturiana: en la Ensidesa de la siderurgia, en la Endasa (de aluminio) o en Cristalería Española.

En 2003 Jimmy era un chico delgadito de media melena, sin estudios, que apenas sabía escribir y huérfano de padre desde los siete años. Coincidió con Antonio Toro, el cuñado de Emilio Suárez Trashorras, en julio de ese año en una pequeña empresa de montajes. Estuvo unos tres meses; después, Jimmy se colocó en otro lado de yesista. Había trabajado a esas alturas, con veintiún años, limpiando cristales en la Casa de Cultura, como peón, yesista y escayolista.

A Sergio Álvarez lo llamaban Amokachi de niño, cuando jugaba al fútbol en el barrio de Villalegre de Avilés. La historia de ese barrio, en el sur de la ciudad, la cambiaron unos inmigrantes cubanos retornados que construyeron allí grandes residencias indianas, chalés de lujo con enormes jardines y primera planta para el servicio. Una de las pocas villas que sobrevive desde principios del siglo XIX en Avilés es la Casa Maribona, con cuadra y columbario, ya desaparecidos. En sus jardines había frutales y palmeras, y magnolias. Los Maribona habían hecho fortuna con el azúcar. Servando Oviés era hijo de Ramón y de Carmen Rodríguez-Mirabona. Llevaba la gerencia del Palacio de Cristal, un imperio fundado por asturianos que con los años se convirtió en una potencia comercial en La Habana con la venta de telas y ropas. Una noche, en la Casa Maribona, Oviés anunció que había conseguido pasaje para viajar en el Titanic. Su madre desconfió de esos inventos y modernidades puestas sobre el mar con tanto lujo; Servando Oviés zanjó la discusión diciendo que estaría él más seguro en el Titanic que ellos en su casa.

Daniel Amokachi era una de las estrellas de la Nigeria del Mundial de Estados Unidos. A Sergio le empezó a llamar Amokachi su entrenador cuando tenía diez años porque era moreno, muy moreno, y corría, corría mucho. Sergio dejó de jugar al fútbol a los diecisiete años y el mote fue muriendo lejos de los campos de fútbol.

En 2004, sin embargo, el apodo resucitó de tal forma que Sergio fue conocido así por toda España. Una mañana de 2007 estaba en un bar engullendo un sándwich y se vio a sí mismo en la televisión declarando ante el juez. La clientela reparó en él y gritó: «¡El Amokachi!». Sergio Álvarez se levantó de su mesa y salió a la carrera entre gritos. Se escabulló de ellos como Amokachi de la defensa, como el extremo que era de niño, un niño muy moreno y muy rápido.

Jimmy y Amokachi se conocían desde los once años. Una tarde de noviembre o diciembre de 2003, sin que Amokachi pudiese precisarlo en el juicio, él y Jimmy estaban jugando a la consola en el piso de este último. Con ellos estaba Fernando, al que llamaban Fernota. El teléfono de Fernota sonó: era Emilio Suárez Trashorras. Le preguntó dónde estaba y Fernota dijo que en casa de Jimmy jugando a la consola: le dio la dirección para que se pasase por allí. Jimmy tenía habitualmente muchos problemas económicos, pero había algo innegociable: cinco porros de polen diarios, una enorme pantalla de televisión de plasma con *home cinema* y la PlayStation. Por ello, su casa casi siempre estaba llena de gente, como aquella tarde.

Fue la primera vez que Emilio acudió allí. Empezó a ir varias tardes más. Alguna noche salieron todos de copas. Jimmy ya conocía de pasada a Emilio por su relación laboral con Toro. Pero cuando el 4 de enero de 2004 Emilio subió a casa de Jimmy, la relación de Jimmy con Toro no era laboral.

Tras dejar la empresa de montajes y despedirse de sus compañeros, entre ellos Toro, Jimmy se había puesto a trabajar de yesista. Unos meses después se quedó sin trabajo. Dejó de pagar su piso y la casera se propuso echarlo de allí. Entonces, Jimmy recordó que Antonio Toro pasaba hachís. Contactó con él y le pidió tres mil euros de costo para que él pudiese venderlo y sacar el doble; le devolvería a Toro el dinero y pagaría la deuda del piso. Todo salió bien, salvo el pago al proveedor. Jimmy traficó durante un mes con el hachís vendiéndoselo a amigos y conocidos: con el dinero pagó el alquiler de su piso, pero el resto se lo gastó. A Toro le había guardado algo, no lo suficiente.

A mediados de diciembre, Antonio Toro empezó a llamar a Jimmy exigiendo el dinero. Un día se presentó en casa del chaval con Richard, su socio, que había sido portero de la discoteca A4 de Avilés. Jimmy le pagó hasta donde pudo, pero le dejó una deuda aproximada de unos novecientos euros. Empezaron las amenazas y las palizas. Emilio dijo que había presenciado al menos una paliza de Richard a Jimmy. Le pegaría más veces.

Emilio fue a ese piso la tarde del sábado 4 de enero con una propuesta para la pandilla de la casa de Jimmy, que rodeaba la televisión con los mandos de la consola. Como los felinos que se acercan a las gacelas cojas, al primero al que le propuso hacer un viaje a Madrid con una mochila fue a Jimmy. Según éste, Emilio le dijo que lo que tenía que llevar a Madrid era una bolsa con polen «apaleado», una partida de hachís en mal estado que Emilio necesitaba devolver a los magrebíes. Jimmy se asustó. Conocía los trapicheos de Emilio y sabía el riesgo que tenía aquello. Emilio apretó. Le dijo que sabía que tenía una deuda importante con su cuñado Antonio Toro, y que él se haría cargo de ella si hacía el viaje. Jimmy le dijo que no, alegando precisamente el lío en que estaba metido con Toro y Richard; no quería más problemas, ya resolvería lo suyo por su cuenta.

Emilio dirigió la mirada a Sergio Álvarez, *Amoka-*

chi. Según éste, Emilio le contó cuando estuvieron solos que lo que debería llevar a Madrid era una bolsa llena de cedés piratas. Amokachi, sin trabajo y sin dinero, con una deuda de cien euros a un amigo, Félix, que le pagó una noche de farra, preguntó qué le podía pasar si lo cogían. Emilio le dijo que nada, como mucho una multa de la que él se haría cargo. A cambio le pagaría seiscientos euros.

Amokachi aceptó: «Estaba sin trabajo y del aire no vivo», dijo en el juicio. Emilio quedó en recogerlo en unas horas, a las siete de la mañana del lunes día 5 en el garaje situado frente al piso de Amokachi.

A esa hora, de noche aún en Avilés, víspera de Reyes, Amokachi, un chico de veintiún años que vivía con sus padres —él, funcionario del Ayuntamiento, y ella, limpiadora—, un tipo menudo de setenta kilos, se subió al coche de Emilio.

Emilio condujo hacia su piso de la Travesía de la Vidriera, subió a casa mientras Amokachi esperaba en el coche y bajó con una bolsa de marca Adidas, de color azul marino con rayas blancas, cerrada con dos cremalleras y un candado. Pesaba, dijo Amokachi, unos veinte kilos. Con ella en el maletero se fueron los dos en dirección a la estación de autobuses de Oviedo. Allí, Emilio sacó la bolsa del coche y la depositó en el andén. Ya había amanecido. El propio Amokachi, cuando la azafata abrió el maletero del autobús, la metió dentro. Emilio le dio el billete. El viaje lo hizo con «mucho miedo», con «nervios» por si la Policía lo pillaba y lo multaba, y, en caso de suceder, Emilio no se hacía cargo de la multa, como había prometido.

En el viaje Amokachi repasó las instrucciones de Emilio: debía tener cuidado con la bolsa, no podía perderla de vista aunque «fuese a llamar» o se «comprase un bocata», sobre todo para evitar que se la robasen. En cuanto a si debía tener un cuidado especial con ella, Emilio no le advirtió de nada. Cuando llegó a la estación de Méndez Álvaro, Amokachi recogió la bolsa Adidas del maletero, se la echó a la espalda, subió las escaleras mecánicas, pasó por una cafetería y se fue a la parada de los taxis. Allí, se sentó encima de los veinte kilos de dinamita que llevaba en la bolsa.

¿Por qué se sentó en una bolsa que creía llena de cedés? Amokachi afirmó en el juicio que la palpó y notó una superficie rígida. Una caja. «La bolsa se hundía un poco por los extremos. Y nada, palpé así un poco, y digo, bueno, será una caja portadiscos o de estas de los *disc-jockeys.* Hay gente, negros, en Avilés que lleva esas cajas para no llevar el pañuelo ese que tienen por aquí, que tiras de la cuerda y te lo llevas, ¿me entiendes lo que te digo?», explicó a la fiscal.

¿Cómo iba a saber él que era dinamita? ¿Cómo iba a sentarse encima de ella?, preguntó en el juicio con los ojos como platos.

Amokachi ha defendido siempre que Emilio le dijo que en la bolsa había cedés piratas. Lo justificó diciendo que una vez había aparecido en casa de Jimmy con otra partida de cedés, y lo creyó cuando semanas después le pidió que llevase la mochila a Madrid. ¿Por qué Avilés habría de abastecer a Madrid? Amokachi dijo que él creía que como en Madrid había más gente, lo lógico es que hubiese una ganancia mayor, al ser mayor la demanda.

Emilio, en el juicio, afirmó que era polen, hachís en mal estado. Según su versión, Amokachi sabía que llevaba veinte kilos de hachís y una caja fuerte, de ahí que sintiese una superficie dura cuando se sentó. Aunque comprendió que Amokachi pensase que llevaba cedés porque, con él delante, Emilio trató de comprar una colección de cedés piratas. Y como nunca le dijo lo que llevaba en la bolsa, según él, es comprensible que Amokachi diese por hecho que eran cedés.

Cuando el joven llegó a Madrid esperó unos cuarenta y cinco minutos en la parada de taxis hasta que se acercó a él un BMW oscuro M5. Dice Amokachi que el conductor lo reconoció por la mochila. Era un hombre joven, de unos treinta y cinco años, ojos pequeños y estirados, y dentadura grande en un rostro afeitado. Amokachi no lo había visto nunca: era Jamal Ahmidan, *el Chino*. Bajó del coche y le preguntó si era el chico que «ha enviado Emilio».

Amokachi dijo que sí. El otro le preguntó si tenía algo para él. Amokachi le aseguró que así era y le entregó la bolsa. Entonces, el Chino le preguntó si quería tomarse un café con él. Amokachi, que sólo quería olvidar el asunto y regresar a casa, respondió que no, porque quería coger el Alsa de vuelta a las tres de la tarde. Más tarde, en ese viaje de vuelta, a la altura de Luberna, entre las siete y las ocho de la tarde, Emilio llamó a Amokachi para preguntarle qué tal había ido todo.

Nada más llegar a Oviedo, estaba esperándolo en la estación Emilio junto con Baby, «el chico del ojo caído», como lo describió Amokachi. Se subió al coche con ellos y llegaron por autopista a Avilés. Emilio condujo hasta la Travesía de la Vidriera y allí los dejó a los dos en el coche para irse al trastero. Regresó a su Mercedes con dos «cachos» de polen, y no los seiscientos euros prometidos.

—¿Y el dinero? —preguntó.

—Ya te lo daré —respondió Emilio.

«Y me olí lo peor», reconoció Amokachi.

Nunca le llegó a pagar, aunque sí se hizo cargo de los cien euros que Amokachi debía a Félix por la noche de marcha en Avilés. Ese polen de Emilio lo terminó fumando con los amigos. «Yo ya le digo que no soy consumidor habitual, que fumo unos porros de vez en cuando con mis amigos si los hay. Pero que yo nunca he comprado grandes cantidades, ni compraré», dijo a preguntas del abogado de Emilio, que quiso saber el valor del polen. Amokachi insistió: él «fumaba para estar a tono con el ambiente».

Un día después el teléfono de Amokachi empezó a sonar de forma insistente. Era un número que no tenía en la agenda. Dijo en el juicio que por eso nunca cogió las llamadas. «Sólo cojo si me sale un nombre en la pantalla.» Hasta que le llegó un mensaje que decía ser Emilio y le pedía que le cogiese el teléfono. Amokachi estaba trabajando de carnicero en un supermercado y no quería más líos. No cogió el teléfono a Emilio: no le dio opción a que le hiciese otro encargo. Nunca creyó, porque dijo conocer el paño, que las llamadas se produjesen para pagarle el dinero que le debía.

A Jimmy le sorprendió que su amigo de la infancia Amokachi hubiera aceptado el encargo de Emilio que él había rechazado. Sabía que Emilio andaba «con trapicheos». Amokachi hizo el viaje el día 5 de enero y dejó de cogerle el teléfono a Emilio. El día 7, Antonio Toro y su socio Richard se presentaron en casa de Jimmy: les seguía debiendo dinero. Allí estaban varios jóvenes fumando porros, bebiendo cerveza y jugando a la consola en el salón. Toro y Richard llegaron y dijeron: «Todo el mundo fuera de aquí».

Los chavales, menos Jimmy, salieron de la casa.

Cuando se quedaron solos, Toro y Richard le pidieron el dinero a Jimmy y éste les contestó que no lo tenía. «Pues mañana o pasado venimos a buscarlo», le respondieron. Y acto seguido cogieron la PlayStation y la enorme televisión, y el *home cinema,* y se lo llevaron todo. Jimmy lo recordó varias veces durante el juicio. «Me lo quitaron», repetía tres años después como si aún no diese crédito.

Al día siguiente, 8 de enero, Antonio Toro y Richard regresaron a la casa. Ya no había nadie con Jimmy. El chico esperaba solo en un piso vacío. «El dinero», le reclamaron. Jimmy no tenía el dinero. Lo agarraron, lo bajaron a la calle, lo metieron en un coche y se lo llevaron a la ermita de La Luz, en una colina del barrio del mismo nombre. Allí, de noche, le apoyaron el cañón de una pistola en la cabeza y le dijeron:

—Mañana, como no esté el dinero, te vamos a matar.

El cañón de la pistola estaba frío, recordó Jimmy.

Al día siguiente, antes de que apareciesen Antonio Toro y Richard en su casa, Emilio Suárez Trashorras timbró en el telefonillo de Jimmy. Traía la misma propuesta que le había hecho cinco días antes: bajar una bolsa a Madrid. Jimmy, que estaba «superacojonado, de lo acojonado que estaba yo», vio la luz. «Me salva —pensó—, me salva de todo.»

—Yo le pago a mi cuñado y encima te doy trescientos euros si haces el viaje de Oviedo a Madrid —dijo Trashorras.

A Sergio, *Amokachi,* le había prometido seiscientos, además de saldarle una deuda de cien. A Jimmy, la deuda con Toro (unos novecientos euros, según Emilio) y trescientos más.

El viaje se iba a hacer en unas horas, con las primeras luces del amanecer, como el de Amokachi. En Alsa, clase supra. Emilio le preguntó a Jimmy si no se quedaría dormido y éste le contestó que no, que no creía que se fuese a dormir. Emilio le insistió y le dijo que mejor lo llamaría él por teléfono para asegurarse. Jimmy respondió: «Vale». Emilio le pidió su número de teléfono. Jimmy cogió un papel y lo apuntó.

A las 5.30 horas el teléfono de Jimmy sonó y lo despertó: era Emilio. Aquel día era sábado. Jimmy se duchó, se vistió y desayunó. Hizo un poco de tiempo y al rato llegó Emilio en su Mercedes. Esta vez no paró en su portal para coger la mochila, como sí había hecho con Amokachi: condujo directo hasta Oviedo y allí, según Jimmy, sacó del maletero la bolsa y la metió directamente en el Alsa. Una bolsa de deporte pequeña, verde, con un candado amarillo de combinación. Pesaba unos diez kilos. Jimmy afirmó en el juicio: «Tampoco el polen pesa mucho, eran diez kilos o así, de polen». La fiscal le preguntó si lo había llegado a ver y él contestó que no, que la mochila no la llegó a tocar hasta Madrid.

Emilio había acordado llamarle durante el viaje para darle instrucciones y pactar un punto de reunión con el hombre al que tenía que darle la bolsa: «Es un moro». Le llamó dos veces. La primera, alrededor de las once y media de la mañana. Le preguntó por dónde iba. Jimmy le dijo que sólo le faltaba una hora para llegar a Madrid y le preguntó qué tenía que hacer al llegar, a quién se tenía que dirigir. Emilio le dijo que estuviese tranquilo. Volvió a llamarle al cabo de una hora, cuando Jimmy ya cargaba con la bolsa verde en la espalda subiendo las escaleras de Méndez Álvaro. Emilio le explicó que a Jimmy lo esperaban fuera en un Opel Kadett oscuro. Jimmy le dijo a Emilio que les contase a los del Opel que él era el chico del niqui amarillo.

En el coche sólo había un hombre, el Chino. Jimmy se acercó y el Chino le preguntó si era el amigo de Emilio. Contestó que sí y le preguntó si él era «el moro». A la respuesta afirmativa («él me dijo sí, que era un musul..., que era un moro, sí, me lo dijo»), levantó la bolsa y se la dio. Entonces el Chino le preguntó por el dinero que debía traerle. Y Jimmy dijo: «¿Qué dinero? Si me robaron allí». El hombre, Jamal Ahmidan, se bajó del coche y le pegó una paliza.

Según Jimmy, Emilio le había pedido que dejara

la cazadora en Asturias, que se subiese al autobús sin ella y que, al llegar a Madrid, cuando el receptor de la bolsa le preguntase «por el dinero», contase que le habían robado la cazadora con el dinero dentro.

También, según Jimmy, le pidió al Chino que llamase a Emilio y le preguntase por el dinero, que era verdad que se lo habían robado con la cazadora. Jimmy le aseguró que no tenía dinero en ninguna parte, que de hecho Emilio le había comprado ya el billete de vuelta, y para demostrarlo se sacó el forro de los bolsillos. Cuando terminó de hablar con Emilio, el Chino empezó a pegarle («apareció en Avilés con una buena ensalada de hostias», dice Baby), lo amenazó con un cuchillo, le quitó el móvil y la cartera.

Cuando se cercioró de que no llevaba nada encima, Jamal Ahmidan le tiró un euro y le dijo, riéndose de él: «Para que compres gominolas». Con ese euro Jimmy llamó a Emilio desde la estación de autobuses y le contó lo que le había pasado. Según él, Emilio le pidió que estuviese tranquilo, que todo se iba a solucionar y que iba a recuperar su teléfono y su cartera.

La historia de la cazadora y el dinero tiene otra versión. Emilio contó que envió con Jimmy un sobre con dos mil cuatrocientos euros, y que ese dinero se lo quedó Jimmy durante el viaje. Al llegar a Madrid le dijo a Jamal Ahmidan, *el Chino,* que le habían robado la cazadora con el móvil. Según Emilio, el Chino le cogió el móvil y encontró un mensaje que delataba a Jimmy: le anunciaba a un amigo que se había quedado con el dinero. El Chino le pegó y luego llamó a Emilio para contarle el incidente, y le dijo que se quedaba con el móvil para probar que había un mensaje que delataba el robo de Jimmy. Emilio pidió al Chino que le pasase a Jimmy, y Jimmy le contó que le habían robado la chaqueta con el sobre.

—A ver, mándame al chaval para arriba otra vez, que no pasa nada —le dijo finalmente Emilio al Chino.

Baby desconoce si ocurrió lo que cuenta Jimmy, que era un «pobre chico», o lo que cuenta Emilio. Sí sabe que Jimmy debía traer de vuelta algo que no trajo, bien dinero o bien droga. Cuando Jimmy llegó a Oviedo, tras ser apalizado por el Chino en Madrid, Emilio Suárez Trashorras le pegó antes de dejarlo en casa y prometerle que le devolvería el móvil y la cartera. En la sentencia se da por probado que Emilio no le dio dinero a Jimmy y que le sugirió la excusa que debía dar: si el Chino le reclamaba dos mil cuatrocientos euros, tenía que decir que le habían robado la cazadora.

Está probado también que Jimmy llegó a Oviedo entre las nueve y las diez de la noche del mismo sábado 10. Lo hizo asustado y lloroso. Emilio lo recogió en la estación de autobuses y lo llevó a su casa. «Déjame que mañana hablemos. Déjame que mañana me envíen tu móvil y la cartera.» Al día siguiente, domingo, según la versión de Jimmy, Emilio y Carmen Toro aparecieron en su casa. Emilio le dijo que por más que llamaba, el móvil no le daba línea. En ese momento, Jimmy, un chico de apenas veintiún años, rompió a llorar. El móvil que había llevado ni siquiera era suyo. Además, Toro y Richard le debían de estar llamando para cobrar la deuda y cuando lo viesen lo iban a matar. El dueño del móvil, por otro lado, se lo iba a reclamar.

Carmen Toro trató de consolarlo diciéndole que iban a recuperar la cartera y el móvil. Según Jimmy, le dijo: «Ese moro te va a devolver la cartera. No tiene por qué quitártela así, por las buenas». Cuando Jimmy afirmó esto en el juicio, Emilio se rio en la pecera de los acusados. Los días siguientes, Jimmy pedía a los amigos un teléfono para llamar a Emilio, pero no tuvo resultado: éste nunca le contestó.

El hermano de Carmen, Antonio Toro, apareció en casa de Jimmy días después. Le exigía el cobro de la deuda. El chico le dijo asustado que de la deuda ya se hacía cargo Emilio y que Toro lo tenía que saber. La respuesta de Toro dejó helado a Jimmy: «Eres tú quien tiene una deuda conmigo, no Emilio».

Al día siguiente, Jimmy abandonó Avilés y se refugió en Gijón una semana trabajando como escayolista. Finalmente llamó al último jefe que lo había empleado: «Mira, necesito que me des trabajo una semana o así, para irme, para irme para Canarias porque yo ya, yo quiero cambiar de todo, no quiero seguir esta vida que llevo, no quiero seguir. Quiero cambiar ya». Se fue a Canarias a principios de febrero.

Lo que estaban haciendo Richard y Antonio Toro con Jimmy no era reclamar una deuda, pues ésta sólo ascendía a novecientos euros. Era extorsión, algo que dijo en el juicio Emilio Suárez Trashorras. Emilio afirmó que se había hecho cargo de la deuda, pero inútilmente, porque su cuñado Toro y Richard llevaban tiempo extorsionando al chico y no iban a parar. «Jamás se iba a librar de ellos», declaró. Le sacaban sus nóminas. Le sacaron un Renault, un *home cinema*, la televisión y la consola, dijo Emilio. Por una deuda de novecientos euros.

Tres meses después, en las islas, Jimmy vio en el telediario a Sergio *Amokachi* detenido. «¡Coño, qué hace éste aquí en la televisión implicado!» Se echó a llorar en su casa. «Me cago en Dios, la que... No puede ser que lo que yo haya bajado haya sido, no puede ser...» Diez días después, cuando se dirigía a trabajar, Jimmy fue detenido con relación a los atentados terroristas del 11 de marzo en Madrid en los que murieron 191 personas. Jimmy lo relató en el juicio; contó que cuando se lo llevó la Policía pensó: «¡Menudo hijo de puta! Que me hizo la jugada. Lo planearon entre ellos tres para que, o sea, ¡menudo hijo de puta!».

En ese momento, Emilio, que había seguido la declaración con interés, bajó la cabeza y miró al suelo.

Pasaron dos semanas. El viernes 23 de enero de 2004 Iván Granados, *Piraña,* y Emilio Suárez Trashorras se vieron al mediodía en Avilés. Estuvieron juntos tomando varias copas o «cacharros», como dijo Piraña, o «cubalibres», como matizó. A las tres y media de la tarde Emilio le pidió el teléfono a Piraña (Emilio siempre pedía teléfonos móviles a sus amigos para hacer llamadas comprometidas: a Piraña al que más) y marcó el número de Jamal Ahmidan, *el Chino.* Le preguntó: «Eso qué, ¿para cuándo?». Acto seguido, tras colgar, envió desde el mismo teléfono un mensaje a Raúl Álvarez, *Rulo,* trabajador de Mina Conchita. En el mensaje lo citaba esa misma tarde en uno de los miradores de la carretera de Tineo, al lado del embalse de Calabazos, a quinientos metros de Mina Conchita, en el concejo de Belmonte de Miranda.

Desde que se habían encontrado ese viernes, Piraña y Emilio estuvieron esnifando cocaína en varios bares de la ciudad, unas tres o cuatro rayas cada uno. Alrededor de las seis, Emilio le pidió a Piraña que lo acompañase. Se subieron juntos al coche de Emilio y se dirigieron al punto de encuentro con Rulo. Emilio dijo que tenía que recoger unas cintas de vídeo de caza que había prestado y que necesitaba para irse a cazar a Bulgaria.

Cuando llegaron era de noche y hacía frío. Aparcaron y se quedaron en el coche esperando en un paraje solitario. Dice Piraña que vio moverse fuera a alguien que no reconoció, porque estaba oscuro, y en ese momento Emilio bajó del coche pidiéndole que esperase dentro. Vio bajar a Emilio y a su acompañante, que era Rulo, por la carretera en dirección a la presa del embalse de Calabazos. Piraña permaneció esperando en el coche, fumando.

Rulo era un minero que entonces tenía veinticuatro años. Según Emilio, Rulo estaba allí para devolverle cintas de caza extrema en Bulgaria. En ese encuentro junto al embalse, Rulo aprovechó para comprar un gramo de cocaína. Cuando Emilio se lo dio, Rulo puso dos rayas para los dos. Siempre lo hacía cuando pillaba: ponerle una al camello en señal de cortesía.

Rulo dice que no era consumidor habitual. Ganaba unos mil setecientos euros al mes, pero el único gasto fijo que tenía era algo más de unos trescientos por el crédito de un BMW que sumó a su Suzuki y a su moto. Gastaba al mes alrededor de doscientos cuarenta euros en cocaína, que Emilio le vendía a sesenta euros el gramo. Vivía con sus padres, ellos le ponían techo y le daban de comer, y de vez en cuando compraba algo de ropa, porque si se la compraban también sus padres «sería un desgraciado».

Cuando el abogado defensor de Raúl le preguntó a Emilio si su cliente era cocainómano, Emilio se lanzó en el juicio a explicar su teoría sobre el consumo de esta droga: «Un consumidor de cocaína consume entre gramo y gramo y medio mínimo de coca al día, y Raúl González, cuando iba con su novia, no consumía, y cuando consumía una o dos rayas, ya iba demasiado puesto [...]. Un adicto es una persona que consume más de un gramo. Además, está especificado por las organizaciones y las asociaciones de adictos a la cocaína: es entre gramo y gramo y medio diario, y lo de Raúl González, ya le digo, es un consumo esporádico, de fin de semana, y como mucho, como mucho, se mete una o dos rayas y ya tiene de sobra».

Tras estar con Raúl, Emilio volvió alrededor de la media hora, se subió al coche y arrancó de nuevo para Avilés. De camino le preguntó de repente a Piraña si quería llevar una bolsa de explosivos a Madrid. Piraña insistió en que Emilio, a él, le dijo que eran explosivos. Ni a Amokachi ni a Jimmy les había dicho nada de lo que llevaban en las bolsas; Piraña dice que a él sí. Contestó que no. Emilio reflexionó en voz alta: se lo propondría a Baby. Piraña le respondió que Baby era «un guaje», un chico menor de edad, y que no debería meterlo en ningún problema.

Después de la negativa, Emilio cambió su actitud respecto a Piraña. Dijo Piraña que Emilio le dejó de hablar y le apartó de su lado, dejó de invitarlo a copas y mucho menos a cocaína. Esa noche los dos siguieron en silencio el viaje en coche hasta llegar al Hipercor del centro de Avilés, donde trabajaban la prometida de Emilio, Carmen Toro, y la novia de Iván, Inmaculada. Allí Emilio compró una bolsa de deporte. A pesar de que Emilio lo negó, Iván Granados lo contó en el juicio y Carmen Toro lo confirmó al recordar que Piraña había aparecido mal vestido, sin asear y con una apariencia que a ella le obligaría a echarlo del establecimiento, así que riñó a Emilio por haberlo llevado. Dedujo que la bolsa era para ir al gimnasio. Con Inma, su chica, Iván Granados, *Piraña,* se fue a su casa alrededor de las diez de la noche, según declaró al juez.

Al contrario que para Sergio Álvarez, *Amokachi,* e Iván Reis Palicio, *Jimmy,* para Gabriel Montoya Vidal, *Baby,* no supuso ninguna turbación hacer el viaje que le propuso Emilio a Madrid. Al fin y al cabo, era la persona más ligada a él, aunque Emilio en el juicio quiso marcar distancias (tras la declaración incriminatoria de Baby) diciendo que no era de su confianza. Sin embargo, días después de la negativa de Piraña le propuso a Baby trasladar una bolsa de quince kilos. Ni Baby ni la sentencia aclaran el día exacto. Baby está seguro de que fue un día de principios de febrero.

—¿Te interesa hacer un viaje a Madrid? Porque se lo he pedido al Piraña, pero él me ha fallado y necesito saber si tú me podrías hacer el favor —le dijo Emilio.

Baby se encogió de hombros: «Vale».

«En la bolsa de Sergio Álvarez iba la caja fuerte, en la de Jimmy iban sólo los diez kilos porque Jimmy no tiene fuerza para nada. Y en la de Gabriel Montoya Vidal iba ropa mezclada con el hachís para que pasara inadvertido», contó Emilio en el juicio.

Baby no pidió contraprestaciones ni quiso saber para qué era, pero Emilio le anunció que le pagaría algo más de mil euros. A Baby le pareció bien. Los dos llevaban semanas colaborando hombro con hombro en la venta de hachís en la zona. Baby estaba subyugado por Emilio y éste había encontrado en Baby un socio, alguien supeditado ciegamente a sus órdenes. Su relación de confianza era tal que Emilio, tras el fiasco que supuso el viaje de Jimmy a Madrid, le dijo al Chino que esta vez llegaría a su encuentro alguien de confianza y lealtad absoluta: su primo Baby. Con esa relación familiar creada para la ocasión, Emilio le compró a Baby un billete de ida en el

Alsa, clase supra, a medianoche, el mismo día en que se lo propuso.

Baby esperó hasta la hora de salida en su casa. Puso unos videojuegos, vio la tele y dormitó en su cuarto. Entrada la noche, Emilio lo recogió en el portal de la Travesía de la Vidriera.

La casa de Baby está dispuesta de tal forma que el chico podía salir sin que su madre se enterase, siempre que ella estuviese en el salón o en su cuarto. La puerta de su habitación daba al pasillo, y en el pasillo podía colarse por la cocina y llegar a la calle. De esta forma salía muchas veces a horas intempestivas. Lo hacía a menudo, aunque su madre lo escuchaba daba igual: hacía lo que quería. Todo lo más que aguantaba era un par de gritos y reproches. Muchas veces anunciaba que se iba a su habitación y lo que hacía era salir de casa cerrando la puerta despacio, para no hacer ruido.

En cualquier caso, esa noche Baby no tuvo la necesidad de escapar: le dijo a su madre que iba a dormir a casa de su tía. No se llamarían, nunca lo hacían. Y al día siguiente aparecería en casa como si nada.

Emilio llevaba la mochila ya en el maletero. De camino por la autopista, Emilio le dijo que tenía que hacer el viaje tranquilo, que no iba a ocurrir nada y que, en caso de que parasen el autocar y la mochila fuese detectada, dijese que no era suya. Lo que tenía que, decir Baby, si paraban el autobús y preguntaban, era que se iba a Madrid para luego viajar a Toledo a ver a sus tíos. En la estación de Oviedo, Emilio esperó a que el autobús saliese. Allí, en medio de la noche, se despidió de él. Baby no había bebido nada ni había consumido cocaína en todo el día. Estaba tranquilo y esperaba dormirse durante el viaje.

La clase supra de los Alsa concede una comida ligera (un sándwich) y bebida durante el viaje. Los sillones son más cómodos. Hay una hilera de asientos individuales y otra doble. A Baby le tocó una doble, pero sin acompañante, así que se estiró y se puso cómodo. Había poca gente en el autocar viajando a esa hora a Madrid. Dice que no pensó en nada, que no le dio más vueltas a la bolsa y que sólo pensaba en dormirse. Entre los pasajeros había una chica y estaba también un paquistaní al que reconoció y saludó, pues trabajaba en un kebab de Avilés. Pendiente del móvil, que lo dejó con volumen, se quedó dormido a mitad de trayecto.

Durante el viaje se quedó sin batería, y recordó que había apuntado el número que le había dado Emilio (el número del teléfono de Jamal Ahmidan) en un papel que llevaba en el bolsillo. El número del Chino, pese a todo, era fácil de recordar. Baby lo recita once años después. Su teléfono se lo había comprado Emilio ese mismo día únicamente para hacer el viaje. Fueron juntos a la tienda a hacerse con él: un Motorola, que costó cien euros, con tarjeta de Amena; después del 11 de marzo rompieron la tarjeta y tiraron el móvil al sospechar que podía estar pinchado.

Emilio cambiaba de móvil constantemente, compraba tarjetas de un día para otro y reclamaba el terminal de sus amigos para sortear posibles escuchas. Sobre todo, dice Baby, se lo pedía a Iván Granados, *Piraña.* Piraña, dice Baby, era muy sumiso. «Hacía todo lo que se le decía. Era: "Piraña, déjame esto", o "Piraña, vete a comprarme esto otro". Piraña lo hacía todo, todo. Luego le daba unos porros, o igual un gramo, y Piraña contento.»

El autobús entró en Madrid cuando todavía era de noche. Baby se bajó y recogió del maletero del autocar la mochila. Le sorprendió el peso: eran unos quince kilos. Le costaba levantarla y trasladarse con ella. Se la echó a la espalda y caminó tratando de no llamar mucho la atención en la estación de autobuses. Sabía que en Oviedo no solía haber controles, pero sí podía haberlos en Madrid. Por eso tomó la primera salida que vio en Méndez Álvaro.

Empezaba a amanecer en la ciudad. La bolsa era de deportes e iba candada. En ese momento empezó a pensar qué podía llevar dentro. Su sospecha es que era chocolate malo, polen, hachís en mal estado que Emilio, como otras veces, devolvía a sus proveedores. Nunca pensó en que podían ser explosivos. Si Emilio se lo hubiese dicho, le habría dado igual. «Es un viaje y ya está. Lo haces y no le das más vueltas. Qué más da llevar esto o lo otro», dice.

Baby salió de Méndez Álvaro, rodeó unos setos que se encontraban en el exterior y enfiló la calle Retama, en el sur de Madrid, donde encontró abierto a primera hora el restaurante Virrey, especializado en parrilladas de carne y cocina argentina.

Caminaba agitado, pero sin ir a mucha velocidad. La bolsa le pesaba. A esa hora del día, con el local sirviendo desayunos, llegó hasta la barra y pidió un cubata. Un JB con cola. El chico, de dieciséis años, llamó la atención de algunos clientes. Lo miraron, sobre todo, dice Baby, por su juventud y poca constitución, y por la hora a la que pedía una copa. Pero Baby dice que necesitaba beber; el camarero no le dijo nada.

Tras beberla en sorbos rápidos, lo que provocó nuevas miradas de la clientela, Baby dejó la bolsa de quince kilos en el suelo y se dirigió a un teléfono que había en el bar. Extendió el papel arrugado que llevaba en el bolsillo con el número de teléfono de Jamal Ahmidan, *el Chino,* y lo marcó tras echar unas monedas.

«Soy el asturiano», le dijo. El Chino le preguntó dónde estaba y le dijo que esperase allí, que estaría en diez minutos. Dicho y hecho, un BMW M5 apareció por la calle Retama. Un coche negro, con los cristales tintados y unas «llantas cromadas muy guapas, o sea, un cochazo de la hostia». Baby se acercó a él y el Chino bajó la ventanilla del conductor; se saludaron («¿eres tú el asturiano?») y por esa ventanilla Baby coló la bolsa deportiva que llevaba. El Chino no le dijo nada, sólo se despidió de él.

Baby volvió a la estación de Méndez Álvaro a preguntar cuándo salía el primer Alsa para Oviedo, y lo cogió. Fue hacia la parte de atrás del todo, donde había cuatro asientos alineados que estaban vacíos, y allí se echó de cuerpo entero a dormir. El autocar transportó al adolescente durmiendo en la parte trasera casi todo el viaje.

Al contrario de lo que ocurrió con Amokachi y Jimmy, Emilio no recogió a Baby en la estación de Oviedo. Desde allí, Baby lo llamó desde una cabina para decirle que había llegado y que todo había salido bien. Evitaban decir palabras concretas cuando hablaban por teléfono. «Aquello está bien», «esto otro no sale», «todo en orden» eran expresiones de uso habitual. Nada más llegar a Avilés, Baby se encontró a la pandilla del Arbolón sentada en su portal.

Allí, fumando porros, también estaba Iván Granados, *Piraña.* Protegidos del mal tiempo en la entrada del garaje, los chicos pasaban la tarde.

Cuando Baby llegó, Piraña y él hicieron un aparte.

—¿De dónde vienes?

—De Madrid —respondió Baby.

—¿Por Emilio?

—Sí, llevé una bolsa para allá.

—¿Sabes lo que llevaste?

—No sé, ¿polen?

—Explosivos.

—¿Cómo lo sabes?

—Me lo propuso a mí antes.

Baby no le dio importancia. Le dijo a Iván que ya estaba hecho, que ya había realizado el viaje y que ahora no le iba a dar más vueltas. «No me han cogido, así que de puta madre», le dijo. En el centro de menores, cuando Baby salió en libertad, en junio de 2010, hubo gente que le preguntó si no sabía, cuando robaban los explosivos y los trasladaban a Madrid, que podrían matar a muchas personas.

—¿Los vendéis y qué? ¿Para qué creéis que son?

Baby contestaba:

—Es como si tú le vendes una pistola a alguien. No sabes para qué va a utilizarla. No le vas a preguntar: «Oye, qué, ¿vas a matar a alguien? Pues espera, que no te la vendo». No: tú se la vendes, tú vas al negocio.

En su declaración de 2010, su última versión sobre el 11-M, Emilio dijo que de los cien kilos de hachís que le había vendido el Chino tres meses antes, más de la mitad estaba en mal estado y le costaba mucho venderlo. Y fueron esos cincuenta kilos los que llevaron a Madrid Sergio Álvarez, *Amokachi;* Iván Reis Palicio, *Jimmy;* y Gabriel Montoya Vidal, *Baby,* todos condenados finalmente por tráfico de explosivos. Emilio dijo, tras avisar de que no quería beneficios penitenciarios, que ese hachís fue cambiado por polen y lo trasladaron de Madrid a Asturias su cuñado Antonio Toro y el socio de Toro, Ricardo Gutiérrez Sepúlveda, *Richard.*

SIETE

Al día siguiente de que Baby regresase de Madrid y se enterase por Piraña de que podría haber llevado explosivos, Emilio le llamó por teléfono. Nada especial: retomar el día a día. Desayunos juntos de madrugada, con la ciudad desierta, y empezar a moverse para llevar un negocio boyante que se diversificaba en muchas ramas. Seguían la mecánica rutinaria de dos trapicheros, cada uno atendiendo a su cartera de clientes, cobrando deudas y moviendo de aquí para allá la droga por Avilés y alrededores. Consumían hachís y cocaína casi a diario, pero no bebían al punto de perder el control. Seguían terminando las noches en los puticlubs habituales con amigos del grupo.

Había algo más. Apuraban las últimas horas de Emilio como soltero: el sábado 14 de febrero, Día de los Enamorados, el amigo de Baby se iba a casar con Carmen, la hermana pequeña de Antonio Toro. Emilio dijo años después que su vida empezó a torcerse cuando conoció a Antonio, a finales de los noventa; gente cercana a Toro opina que fue al contrario. Toro siempre declaró que empezó a llevarse mal «de verdad» con Emilio cuando éste decidió casarse con su hermana. La chica era joven e inocente, según Antonio: la había conquistado aquel tipo que con un telefonazo pudo sacar a su hermano de la cárcel todo un 20 de diciembre, antes de Navidad. En cualquier caso, los dos, Emilio y Antonio, tienen caracteres antagónicos que mezclaron por primera vez fuera de la ley en 2001. Desde entonces, y hasta 2004, la relación pasó por los juzgados, la cárcel, las ayudas entre ellos, la droga, los explosivos y el amor, que Antonio trató de impedir, sin conseguirlo, entre Emilio y Carmen.

En la víspera de la boda, el viernes 13, Emilio Suárez Trashorras quedó con Baby y se fueron de fiesta a Luanco, un pueblecito de mar que está a quince kilómetros de Avilés. Viajaron los dos alrededor de las diez de la noche en un coche nuevo, un Mercedes 190 negro que Emilio había comprado recientemente. Iban al bar de un cliente, el Fino, que les solía comprar hachís. El Fino tenía una hermana muy guapa a la que Emilio, para anticipar su visita de esa noche, había enviado esa mañana un ramo de flores. En el juicio, conocidas las visitas continuas de Emilio a prostitutas y los coqueteos con mujeres, Carmen Toro dijo: «Yo me casé porque confiaba muchísimo en él. Estaba enamorada. Lo que pasa es que luego, a raíz de estar escuchando aquí cosas, pues... eso. —Se ríe—. Tú estás escuchando aquí cosas de que disfrutaba con mujeres, y esto y lo otro. Pues que vengan las mujeres esas, que no tengo que estar yo aquí».

A Emilio y a Baby la noche anterior a la ceremonia se les fue de las manos. Los dos, acompañados por amigos que estaban en Luanco, incluido el Fino, bebieron y consumieron cocaína toda la noche. En un momento de la juerga, Emilio observó, según él, que un chico estaba tratando mal a su novia. Dijo a sus amigos que aquello no estaba bien, que le parecía que la chica merecía un respeto. Fue hasta la pareja, agarró al chico y le dio un puñetazo que le hizo saltar un diente. Se formó una pequeña marabunta en el pub que terminó con la pareja saliendo del local. Baby y Emilio siguieron bebiendo hasta que amaneció.

Cuando ya era sábado, el día de su boda, Emilio Suárez Trashorras y Baby emprendieron la vuelta a Avilés en el Mercedes. Sin embargo, recuerda Baby, la coca les pedía más: no podían irse aún a la cama. Emilio siempre llevaba droga de sobra encima. Al aparcar en Avilés se hicieron una raya dentro del coche y decidieron irse al centro, a meterse en algunos bares que hacían las veces de *after*.

Baby recuerda que Emilio miraba de vez en cuando el reloj. La boda era de tarde, a las 18.00 horas.

Terminaron los dos en el Miniteide, un club de música electrónica que está en la calle Bances Candamo. Emilio, nervioso por naturaleza y con un cuadro clínico de esquizofrenia y trastorno bipolar, llevaba la cara desencajada y pálida, con la mirada completamente ida. Baby nunca conoció los problemas psiquiátricos de su amigo. Ahora dice que con ese diagnóstico, y el consumo masivo y diario de cocaína, Emilio tenía que ser en aquella época «una bomba de relojería».

A las cuatro de la tarde, dos horas antes de su enlace matrimonial, Emilio se retiró a su casa. Aún vivía en el piso que le habían comprado sus padres, en un edificio con entrada por Llano Ponte que daba también a la Travesía de la Vidriera. Los dos se despidieron tras más de veinte horas de fiesta; Baby le deseó mucha suerte al novio, pues él no estaba invitado a la boda. Al llegar a casa, el menor se desplomó sobre la cama y durmió hasta las diez de la noche.

—Cuando me desperté y vi la hora, pensé: «Éstos ya deben de estar divorciados».

La boda no fue una cita mafiosa que reuniese a los socios de la carrera delictiva de Emilio y Toro. No estuvieron los de la pandilla de Avilés que solían acompañar a Emilio en sus correrías, ni su mano derecha de los últimos meses, el chaval Baby. Tampoco hubo presencia del grupo de musulmanes con el que Emilio estaba entrando en negocios los últimos tiempos, la banda liderada por Jamal Ahmidan, *el Chino*. La novia, Carmen Toro, tenía veintitrés años. En el juicio le preguntaron si al menos había ido el amigo de su hermano y del novio, Rafá Zouhier, que Toro conoció en la cárcel, y ella respondió: «Sin desprestigiar, ¿cómo voy a invitar a un moro a mi boda?».

Ella había estudiado después de la ESO un módulo de Peluquería y Estética. Le resultaba difícil encontrar trabajo, así que vio el cielo abierto cuando el inspector de Policía amigo de Emilio, Manolón, le consiguió un empleo como vigilante de seguridad en Hipercor. Empezó a trabajar allí en diciembre y tenía turnos de ocho horas. De Emilio contó ante el juez que era un chico muy agradable cuando lo conoció, que simpatizaba con todo el mundo y hablaba con cualquiera, por eso tenía siempre muchos amigos, ya que «era muy abierto». Recordó que se enfadaban habitualmente, y que cuando eso ocurría, ella lo echaba de casa, algo que a Emilio no le importaba. «Sus amigos eran mayores y yo joven, y la conversación siempre me aburría. Tenía unas amistades que a mí no me gustaban; que yo las veía como... Sin ofender a nadie, pero para mí son gandaya: yo con esa gente no me relaciono.»

El escenario del enlace fue la iglesia centenaria de Sabugo, un templo con ambición arquitectónica de catedral construido en 1903. Se elevó, cuenta el diario asturiano *El Comercio,* en el lugar que ocupaba el convento de la Merced, construido entre 1672 y 1723; tras la desamortización de 1836 fue utilizado como colegio, fábrica de tejidos y asilo por el Ayuntamiento; y finalmente fue demolido en 1895. Muchas de las piedras de aquel convento fueron aprovechadas después para construir la iglesia. «El nuevo templo era el fruto del momento —relata el periódico—. La economía avilesina vivía una época boyante, en la que las fortunas amasadas en la emigración por sus indianos se hacían notar, junto a una burguesía crecida en el marco de la revolución industrial iniciada en Asturias en las décadas anteriores.»

El convite nupcial dio pistas de la economía saneada de los Suárez Trashorras, algo confirmado por la novia durante el juicio cuando dijo que a Emilio se lo consentían y le compraban todo. El padre, José Manuel Suárez, era inspector agrario en una empresa de productos lácteos: viajaba por Asturias y trataba de hacer nuevos clientes en sus periplos. La madre, Agripina Trashorras, a la que todo el mundo conocía como Conchita, era empleada de una empresa dependiente del área de Asuntos Sociales en el Ayuntamiento de Oviedo, y también profesora de bailes de salón. Lo que mejor se le daba era el son cubano y el tango, dijo el diario *El Mundo.* «Por su carácter extrovertido, era muy apreciada por los alumnos. Cuando salió en los periódicos el asunto de Emilio, prescindieron de sus servicios.»

José Manuel y Conchita tuvieron dos hijos: Emilio y Mercedes. A los dos, cuando hicieron el último curso del bachillerato, les compraron una moto. Días después de su detención, la periodista Ana María Ortiz fue a los lugares en los que estudió Emilio, el colegio Enrique Alonso (empapelado entonces con lazos negros) y el instituto Carreño Miranda. Allí a Emilio lo llamaban Emily, llegaba a clase en moto «con cazadora a juego» y estudió hasta COU, en la rama de ciencias puras. «Ya entonces pregonaba sus planes de ingresar en el Ejército. Y lo intentó, pero fracasó», relata la reportera.

El periodista de *El Mundo* que recogió el semblante de Emilio dado por sus padres es Fernando Múgica. «Emilio para ellos era un chico normal. Se comportaba con mucha vitalidad. Era muy sociable y derrochaba cariño. Su único problema consistía en que era un poco raro con las comidas. Le gustaba la actividad física y por eso dejaron que se desfogara en las tareas del campo ayudando en la localidad de Cogollo a su abuela. Se hizo así un joven fuerte, algo salvaje.»

En el colegio, según ellos, nunca tuvo problemas con los compañeros, y en cuanto creció empezó a tener pasión por las motos y los coches, un vicio que acabaría siendo una seña de identidad gracias a su poblado garaje. Los padres detectaron que a los diecisiete años algo empezó a ir mal. «Comenzó a hablar en un tono más alto de lo normal —escribe Múgica—. Se excitaba mucho y soportaba muy mal que le contestaran. En los estudios empezó a flaquear. No aprobó la Selectividad. Sus padres pensaron en llevarlo interno a un colegio de los jesuitas. No lo hicieron. Probaron en maestría, pero tampoco terminó los estudios. Los malos tonos fueron a más. Le había cambiado el carácter y su madre se dio cuenta de que aquello no era normal y que no se trataba de una rabieta de quinceañeros. Lo llevaron a un médico y luego a otro. Hasta que encontraron uno que dio en la diana.»

Emilio Suárez Trashorras tenía un brote esquizofrénico que podía ir a peor, pero aquello no le impedía hacer una vida normal.

El propio Emilio, en un largo texto escrito en la revista de la Asociación Evangélica Nueva Vida de la prisión en la que cumple condena, la cántabra El Dueso, explica los años en los que empezó a torcerse su vida. «Vengo de una familia católica e ir a la iglesia los domingos era primordial. Pero yo siempre me lo saltaba. Había un bar cerca de la iglesia y allí nos reuníamos todos los amiguetes. Nos escaqueábamos y dejábamos a nuestros padres ir a la iglesia. Yo nunca escuché la Palabra. No sabía nada de ella, no sabía quiénes eran ni Pablo ni Silas; sabía quién era Jesús y poco más. Yo no edifiqué sobre la Roca, edifiqué sobre la arena y grande fue mi ruina [...]. Cuando fui creciendo hacía lo que me apetecía, dejé los estudios porque me apetecía, sin dar explicaciones a nadie. Empecé a trabajar con mi padre; ganaba mi buen sueldo y ya pensé que era el rey de todo [...]. Yo creí que con ganar dinero desde joven y querer superar a mi padre —porque mi afán era ése— tendría todo arreglado. Siempre fui por mal camino. Desde los trece o catorce años me fui juntando con malas compañías, amigos que me llevaron a prostitutas, que me introdujeron en la cocaína. La Palabra de Dios no existía para mí. Teníamos una biblia en casa, muy grande, muy guapa, pero no la abrí nunca. Para mí, pecar no era pecar, era pasarlo bien, pasarlo bien con los amigos, gastar dinero.»

En aquellos años lo que hizo su padre fue meterlo en la nómina de la empresa de lácteos en la que trabajaba. Pero ante la obligación de despedir a alguien, «a un padre de familia», debido a una crisis empresarial, el propio padre de Trashorras lo despidió a él. En esa entrevista contaron los progenitores de Emilio que tuvo una novia durante un tiempo que lo llevó «por la calle de la amargura». Tras el empleo frustrado en la empresa del padre, entró a trabajar en la empresa Caolines de Merillés en 1998 hasta octubre de 2002. Lo jubilaron, con veintiocho años, por depresiones, esquizofrenia paranoide y trastorno de la personalidad. Un amigo de aquella época lo resume así: «Era un auténtico pirado». Antonio Toro tiró de imagen gráfica: «Se sienta al lado de una piedra y la piedra sale corriendo».

La vida laboral de Emilio terminó a esa edad. Su pensión de invalidez era de ochocientos euros, según dijo en el juicio. Tenía además el apoyo familiar: sus padres le habían comprado un piso. Cuando declaró en el macrojuicio del 11-M, empezó a largar sobre todas sus posesiones, y Pablo Ordaz, de *El País,* escribió este primer párrafo de su crónica: «Suárez Trashorras va contando su vida. Desde la última fila de la sala, el padre de un muchacho que murió aquella mañana tan temprano presta atención. Dice el exminero asturiano que, en el momento de ser detenido, tenía una pensión de ochocientos euros, cuatro coches, una moto, un *quad,* cuatro pisos, seis garajes y unos bajos comerciales. Habla de fiestas con cocaína, de noches con prostitutas, de viajes de caza a Bulgaria. Luego dice que su amigo el Chino, uno de los árabes que se suicidaron en Leganés, también tenía "una vida occidental". Inquieto en su asiento de la última fila, el padre del muchacho asesinado se pregunta con amargura: "Pero ¿occidental como la tuya u occidental como la mía?".

»Para justificar uno de sus viajes a Madrid alegó que había sido "para mirar un BMW M3, porque había vendido mi Mercedes 500 en el mes de diciembre y estaba sin coche de lujo. Porque tenía cuatro coches, pero me faltaba un coche de lujo para andar".»

A la boda de Emilio y María del Carmen Toro (él la llamaba siempre María, como su círculo de confianza) acudieron las familias y los amigos más íntimos. Se tiró arroz al salir la pareja del templo, y todos los invitados se desplazaron a un restaurante famoso de Pruvia a dar cuenta del banquete, publicó *El Comercio,* que hizo notar una circunstancia: los novios nunca llegaron a ver el álbum de fotos y el vídeo contratado para la ocasión.

La pareja partió a los cinco días para Tenerife, donde estuvo una semana: del 19 al 26. No fue una luna de miel al uso. A los dos días de llegar, Emilio utilizó una cabina telefónica del hotel para llamar al Chino. Tres días después, con Emilio en la isla, el Chino lo llamó dos veces. Entre una llamada y otra, se produjo una llamada a Manolón, el inspector de Avilés del que Emilio era confidente. Fue desde el móvil de Carmen Toro, aunque ella niega que la hiciese: desde Tenerife sólo llamó a su madre para ver qué tal estaba. Durante el viaje de novios Emilio estuvo «como siempre»: no paró quieto, de un lado a otro y colgado del móvil. «Pero él es así. Podía estar el día entero hablando por teléfono.» Llamó a Baby un par de veces desde las islas: le preguntó qué tal estaba todo, cómo iba la cosa por Avilés y si se había producido alguna novedad. Baby, con monosílabos, como siempre, le dijo que todo estaba bien.

Emilio también le contó a Baby un incidente ocurrido durante la luna de miel. En un autobús tuvo un problema con «un moro», y tras discutir con él, le pegó.

El jueves 26 de febrero a primera hora de la mañana, el Chino se presentó con un Volkswagen lleno de barro en el aeropuerto de Barajas para recoger a la pareja de recién casados. Condujo una media hora hasta Morata de Tajuña, un pueblecito del Corredor del Henares. Carmen Toro contó que durante el viaje no hablaron de nada relevante. El tema de conversación giró alrededor de lo que habían hecho durante el viaje de novios y sobre el Teide. Dice Carmen que Emilio justificó el viaje a Morata porque por la zona las fincas eran muy económicas y quería verlas por si se podía comprar alguna. ¿No le pareció raro a la recién casada ese final de luna de miel? No le apetecía ir a Morata «de no sé qué», dijo en el juicio. «La verdad es que no, porque yo venía del viaje de novios, y lo que me apetecía era estar con él sola, no quería ver a nadie, ni nadie, encima, que no me cayera bien.»

Al llegar, Carmen Toro vio una casa pequeña con finca en la que había animales; una casa algo destartalada en la que dos hombres trabajaban encima del tejado. Los tres salieron del Golf del Chino, y a la entrada de la finca se produjo el primer encontronazo entre ella y el Chino. Lo contó Emilio en su declaración. «Carmen discutió con Mowgli. Ya antes, alguna vez, Ahmidan me había regañado porque yo tengo la costumbre de decir siempre "me cago en Dios" por teléfono, y él me advirtió que no lo hiciera. Me vino a decir que Dios está en todas partes, que cuando soplas en una mano ahí está Dios.» La discusión con Carmen, según Emilio, empezó por la Mecca-Cola, la coca-cola árabe. «Carmen dijo que era mala, de la que se compra en el Lidl, y Jamal respondió que gracias a la Mecca-Cola hay muchos niños que estudian en las mezquitas...» Los dos fueron subiendo el tono hasta que llegaron a las Torres Gemelas, un atentado del que Carmen dijo que había sido una barbaridad. El Chino le respondió que también en Palestina morían muchas personas.

Emilio asistió a la discusión de su mujer con el Chino sin intervenir. Cuando la relató en el juicio, lo hizo exculpando a Jamal Ahmidan; una de las líneas de su defensa consistía en alegar que nunca supo que el Chino estaba radicalizado, y que por tanto jamás pensó que los explosivos se iban a destinar a matar a gente. «Después de la Mecca-Cola se pusieron a discutir del islote Perejil porque mi mujer se mofó de él: mi mujer se estaba quedando con él, se burló de que los hubiéramos echado de Perejil de mala manera. Entonces él dijo que, bueno, que el rey de

Marruecos era maricón. Así lo dijo de claro: que era maricón, que para él era maricón.»

En la casa de Morata de Tajuña la discusión se elevaba por momentos. Llegaron hasta la guerra de Irak, que había comenzado el año anterior, y ahí intervino Emilio Suárez Trashorras para decir que él era votante del PP y que estaba de acuerdo con la guerra. El Chino, irritado, respondió que él no, porque no había resolución de la ONU, no existían las armas de destrucción masiva y lo único que se iba a hacer en Irak era matar civiles. Carmen Toro intervino para quejarse de que los musulmanes se cargaran las Torres Gemelas. «Lo hizo para picarlo más que nada. Le dijo que no tenían que haber destruido la Gran Manzana porque mi mujer y yo queríamos viajar ese mismo año, en 2001, que fue cuando ocurrió lo que ocurrió.» Fue entonces cuando Jamal Ahmidan respondió que también moría gente en los territorios palestinos. Pero, insistió Emilio ante el juez, «no llegó a justificar los atentados del 11-S, como dice mi mujer. Yo dudo que mi mujer haya dicho que los justificó. No es una justificación, él dijo que también estaba muriendo gente en los territorios palestinos».

A partir de ahí, Emilio cogió aire y expuso la conducta del Chino, que para él no era ni mucho menos la de un musulmán radicalizado a punto de atentar. «Yo a Jamal Ahmidan lo he visto siete u ocho veces en mi vida. Es una persona occidental del todo, con su BMW. Que se ha ido de juerga conmigo, que ha disfrutado de las chicas conmigo. No lo veo una persona religiosa porque haya dicho una tontería, que no es una tontería tampoco, oye. No ha dicho que esté ni bien ni mal lo de las Torres Gemelas: ha dicho, simplemente, que dejen los territorios árabes. Yo he hecho la mili en Ceuta y conozco musulmanes. Esa frase la he escuchado cincuenta veces [...]. Eso lo he escuchado de cincuenta musulmanes, o sea, que no tiene que...»

De lo que ocurrió en la casa de Morata, Carmen no contó nada. En su declaración advirtió que si estaba presente era por ser la acompañante de Emilio, pero no sabía lo que hacía Emilio ni escuchaba sus conversaciones, porque delante de ella no se hablaba de hachís ni de explosivos «ni de nada». Emilio, sí: insistió en el juicio en lo que había dicho a Carmen en el coche. Estaba buscando un terreno y una casa. Jamal Ahmidan, según su versión, le estuvo enseñando una finca más o menos vecina a la suya. «Me dijo que iban desde seis mil euros hasta donde yo quisiera. Yo le dije que se la permutaba por otra en Asturias si quería. Que él consiguiera un trato, que yo se la permutaba por una que tengo en Asturias. Me dijo que lo podía ver, que él se quedaba con la de Asturias y que compraba yo ésta, así que estuvimos hablando de la parcela.»

Eso fue en 2007, durante el juicio. Tres años después, en la cárcel, Emilio declaró otra cosa. «El 14 de febrero de 2004 tenía previsto celebrar mi boda, por lo que pospusimos la entrega de explosivos hasta que volviese de mi luna de miel, prevista para el 26 de febrero [...]. Para esa fecha debían estar todos los explosivos encima de la peña del primer nivel de Mina Conchita. A la vuelta de la luna de miel, me reúno con el Chino en la casa de Morata de Tajuña, donde acordamos que ya podía subir a Asturias a recoger la cantidad convenida.»

Emilio y Carmen Toro permanecieron en Morata unas tres o cuatro horas hasta que el Chino volvió a dejar a los dos en el aeropuerto para que volasen a Oviedo. Comieron en Barajas antes de coger el avión de vuelta a casa tras la escala en Madrid.

Al día siguiente, ya en Avilés, Suárez Trashorras recibió una llamada del Chino, tras la cual, desde el teléfono móvil de Carmen Toro, se realizó una llamada al inspector de Avilés, Manolón. Era el 27 de febrero. Baby dice que ese día por la tarde (en la sentencia se dice que fue dos o tres días antes del 28 de febrero, pero en esas fechas Emilio no había vuelto de Tenerife), Emilio y él se fueron juntos a Mina Conchita en el Toyota Corolla. No es un trayecto cómodo ni corto, mucho menos en invierno y con el tiempo que hacía en esas fechas en Asturias. Al llegar, Baby se resguardó dentro del coche. Emilio bajó y se puso a hablar con dos personas que vestían mono azul. Fueron unos quince minutos, según Baby. De vuelta al coche, Emilio pronunció la frase: «Esto ya está hecho, esto está bien». Los dos regresaron a Avilés y se fueron a tomar unas copas.

Un día después, el sábado 28 de febrero, tres de los habitantes de la casa de Morata de Tajuña se subieron al Volkswagen Golf negro alrededor de las doce del mediodía. Eran Jamal Ahmidan, Mohamed Oulad Akcha y Abdennabi Kounjaa. Llegaron alrededor de las cinco de la tarde a Avilés. Aquél fue un fin de semana de muchísimo frío, nieve, viento y lluvia. El día antes Emilio le dijo a Baby que iban a «venir los moros», y que le avisaba para que estuviese listo. «De puta madre», contestó Baby. El chico pasó la mañana durmiendo, jugando a la consola en su cuarto y viendo la televisión. Emilio se fue con su mujer a la nieve, que estaba rodeando Avilés, y allí se hicieron unas fotos. Después, a primera hora de la tarde, la chica se fue a casa de su madre a pasar un rato con ella.

OCHO

Cuando Jamal Ahmidan entró en Asturias, llamó a Emilio, y éste llamó a su vez a Baby, que estaba en su casa. El Chino y sus dos compañeros quedaron con Emilio en un bar de Avilés. Allí, tras hablar y tomar algo, se fueron al portal de Baby. Para ir, el Chino se subió al Toyota Corolla, y Oulad Akcha y Abdennabi Kounjaa los siguieron en el Golf.

Baby bajó a la calle y Emilio le presentó a los tres hombres. Aficionados los dos asturianos a poner motes, Mohamed Oulad Akcha fue llamado rápidamente el Risitas. De Abdennabi Kounjaa, un joven barbudo y de poca estatura, Emilio percibió que tenía «cara de enanito mongólico». El Chino, como ya le había hecho saber Emilio a Baby, tenía cara de Mowgli, el niño de la selva. Por su parte, el Chino le acabaría llamando a Baby *el Vaquilla,* porque le hacía gracia su destreza con el volante pese a su corta edad.

El Chino, a quien Baby ya había conocido semanas antes en la estación de Méndez Álvaro, hablaba un español muy bueno. Oulad Akcha y Kounjaa lo chapurreaban. Con todos allí de pie, en la calle, Emilio le dijo a Baby: «Vamos a hacer un viaje». Baby recuerda que no dijo nada más ni especificó adónde. Simplemente, «vamos a hacer un viaje».

Baby se subió al Toyota Corolla. Emilio conducía, el Chino iba en el asiento del copiloto y Baby atrás. El viaje de Avilés a Mina Conchita dura alrededor de una hora, aproximadamente sesenta kilómetros. En el coche fueron hablando el Chino y Emilio de la venta de hachís, de los negocios que se traían con la droga. El exminero asturiano también se interesó por el viaje del Chino y sus socios hasta Avilés en mitad de un temporal que llegó a colapsar varias carreteras debido a las fuertes nevadas. Detrás de ellos, en el Golf oscuro, viajaban los compañeros de Ahmidan. Durante el trayecto empezó a sonar el teléfono de Emilio: era su mujer, Carmen Toro. Dice Baby que dieron la vuelta a la altura de una gasolinera que hay en el alto del Praviano, pasando Piedras Blancas. «Había que coger algo para calzarse. El otro, el moro, iba con zapatitos», dice por el Chino. Para llegar a la mina hay que atravesar suelo embarrado, charcos, y esquivar montones de basura que se acumulan alrededor del río Narcea.

Los dos coches regresaron al centro de Avilés, al garaje de Emilio, y allí el exminero agarró unas botas que tenía de andar en moto y se las dio al Chino para que se las pusiese. Volvieron a coger la ruta en dirección a Mina Conchita, y cuando llegaron después de una hora sólo bajaron Emilio y el Chino. Baby se quedó dentro del Corolla y los otros dos magrebíes dentro del Golf. Los vehículos estaban aparcados en la bajada que hay al puente, mucho antes de llegar a éste. Baby vio subir a los dos, a Emilio y al Chino, en dirección a la mina. En el coche había unos prismáticos, así que los cogió y permaneció mirando a la pareja hasta que salió de la mina y comenzó a descender para regresar al coche. Habían pasado tres cuartos de hora.

En una declaración hecha en prisión en el año 2010, Emilio contó qué había ocurrido. Era la séptima que hacía, todas contradiciéndose entre ellas, y aunque hay elementos que la Policía apuntó como fantasiosos, en la parte fundamental se culpa por fin de haber suministrado la dinamita del 11-M. «El 28 de febrero nos acercamos a Mina Conchita, le enseñé la dinamita [a Jamal Ahmidan], que estaba situada en el lugar convenido, y contamos las cajas. Había tres grupos de ocho cajas, es decir, veinticuatro cajas que contenían, por lo tanto, seiscientos kilos. Además se encontraban al lado un montón de detonadores de varios tipos, tanto de cobre como de aluminio. Si hubieran querido llevarse los seiscientos kilos, se los hubieran llevado, dado que los recogieron ellos mismos, lo que a mi juicio descarta la teoría de que ETA les haya aportado parte del explosivo usado en el 11-M.»

El encargado de la mina, Emilio Llano Álvarez, «se limitaba a apuntar como utilizada la cantidad que le decían los mineros, sin comprobación alguna por mínima que fuera, a pesar de que los explosivos eran cogidos directamente por los mineros de las cajas de veinticinco kilos que estaban en las bocaminas y sus alrededores. De igual modo, el acceso a los detonadores carecía de todo control, ya que las llaves de los minipolvorines donde se guardaban las tenían los mineros, que al final de la jornada las dejaban escondidas en una piedra o detrás de un árbol», dicen los hechos probados de la sentencia. «Cuando se detectaba por la Guardia Civil —que sólo comprobaba que los libros cuadraran con la entrada de explosivos desde el proveedor o fabricante— un desfase entre lo anotado en los libros y lo realmente consumido, Llano Álvarez o el ingeniero técnico director facultativo de la mina se limitaban a justificarlo como un error de anotación o meramente material.»

El minero pasó dos años en prisión incomunicado y la sentencia lo absolvió. Cuando reclamaba su indemnización, le cazó el cáncer; en su círculo nadie duda de que fue como consecuencia del golpe que supuso la responsabilidad endosada en la mayor masacre terrorista de la historia de España. Son mayoría los que no quieren decir nada y pasar página de una vez por todas, si ello es posible. Todo como la consecuencia nefasta de encuentros que llevaron al Chino, un exyonqui mafioso redimido por Alá, según él, a la cuenca minera.

Emilio y el Chino salieron de la mina. Los dos se subieron al Corolla, donde esperaba Baby, y ya en el coche Emilio le dijo al Chino que no se olvidase de «coger las puntas y los tornillos, que están unos quince metros más adelante», según escuchó Baby. El chico dedujo que Emilio no volvería a hacer el viaje, y que por tanto le tocaría a él hacer de guía, pues el camino, una carretera secundaria y tortuosa, no era fácil para tres desconocidos. Encima del embalse, el Corolla y el Golf pararon en una especie de *parking*. Ya era noche cerrada. No paraba de llover. El Chino se bajó del Corolla y se subió al Golf con sus compañeros.

En Avilés los coches se perdieron de vista. Los tres yihadistas fueron al Carrefour a comprar tres macutos de cuarenta y cinco litros de capacidad, tres mochilas, tres linternas, un paquete de pilas alcalinas, un cuchillo cocinero, tres latas de sardinas, dos paquetes de queso de cabra, un *pack* de cuatro yogures Bio de Danone, magdalenas cuadradas Carrefour, un litro de leche semidesnatada Asturiana y una palmera de chocolate Dulcesol. El *ticket* de compra fue emitido a las 21.26 de la noche y la factura ascendía a 195,10 euros. Pagaron con doscientos euros. La cajera declaró en el juicio. Dijo que le habían llamado la atención aquellas mochilas tan grandes «que no cuadraban con la gente que las llevaba» porque era «gente de aspecto árabe y eran como mochilas de ir de *camping*, y no sé si seré un poco ignorante, pero no me cuadró, me llamó la atención». Recordó sobre todo a dos, el que pasaba la compra y el que la recogía y la metía en la bolsa. Se sintió incómoda con el Chino por la forma de mirarla y por el silencio que mantuvo con ella, sin dirigirle la palabra.

En esos momentos, Baby y Emilio se habían refugiado del mal tiempo en los bares de Avilés. Esnifaron varias rayas de cocaína y bebieron cerveza. Baby, que sospechaba que había llevado una bolsa de dinamita a Madrid, como le dijo Piraña, le preguntó a Emilio por los explosivos, para qué los querían. Emilio respondió que creía que eran para volar joyerías, que «los moros» además de mover hachís se dedicaban a eso y necesitaban dinamita.

Los dos se encontraron con algunos conocidos mientras miraban el móvil de vez en cuando. Concretamente, estuvieron con Rubén Iglesias, un cliente habitual de Emilio, al que le compraba hachís. Rubén escuchó a Emilio decirle a Baby que tenían que volverse al piso de Emilio «a esperar a unos moros que traían el hachís». Jamal Ahmidan había telefoneado a Emilio. Tanto él como Oulad Akcha y Kounjaa estaban en la calle con la compra de Carrefour, a la intemperie, frente al portal de la casa de Emilio. Cuando llegaron los asturianos, se metieron en el garaje y allí se repartieron en los coches.

Emilio se dirigió a Baby: «¿Los acompañas tú para que no se pierdan?». Baby asintió. No recuerda si Emilio le dijo que tenía que estar con su mujer o ir a hacer algún recado por Avilés. Antes de subirse al Toyota Corolla, Baby, vestido con unos vaqueros, una camiseta, una sudadera y una cazadora, se metió en el cuartito del garaje de Emilio donde había tomado su primera raya de cocaína sobre el tablón de madera hacía sólo unos pocos meses. Sacó un poco de coca de la que siempre tenía allí Emilio y se puso una raya. Iba a conducir, debía estar alerta, pues había bebido y ya era muy tarde. Se subió al Corolla, y junto a él se montó el Chino. Oulad y Kounjaa seguirían en el Golf.

De nuevo tenían delante la carretera, sesenta kilómetros bajo la tormenta en una de las noches más desapacibles de todo el año en Asturias. El corredor de Narcea es una carretera autonómica «chulísima, rápida y muy divertida», con buenas curvas. Un lugar, sin embargo, que hay que respetar porque en él se producen «muchísimos accidentes», dice un motero en una página de rutas de fin de semana. *La Nueva España* confirma que es una «trampa para adelantamientos». Pero el firme es bueno y hay visibilidad. ¿Por qué es una zona de concentración de siniestros? Hace unos años, el diario atribuyó las causas a los guajes GTI, jóvenes en coches deportivos a toda velocidad que vuelven de fiesta al amanecer del domingo. Pero también hay accidentes a causa de los desprendimientos. Y una tercera causa: las heladas.

A finales de enero y mediados de febrero, en este valle abierto del Narcea, una grieta que serpentea entre montañas bajo vistas inmensas, es frecuente cruzarse con máquinas quitanieves. A ciertas horas suelen aparecer placas de hielo. Es el camino que conduce de Grado a Cangas del Narcea, aún por el concejo de Belmonte de Miranda. En el cruce, si uno llega al pueblo, se encuentra un núcleo pequeño de casas y bares reunidos junto al río. Varias carreteras de tercera empinadísimas que se retuercen cielo arriba como finísimas tiras de humo, con curvas en las que hay que subir en primera, llevan a un paisaje vertiginoso desde el que se observan pueblos, a vista de pájaro, emparedados entre riquezas; entre ellas, el oro.

Entre Belmonte y Tineo está el embalse de Calabazos. Para construirlo hubo que inundar un pueblo, Bebares, que vivía de la captura de enormes salmones y de cierto turismo de élite que venía a pescar a sus aguas. Les dijeron que había que desalojarlo en 1967, pero un año antes el nivel del río aconsejó salir corriendo. El Estado pagó alrededor de un millón de pesetas por cada expropiación. Para llegar al embalse hay que salirse del corredor y bajar una rampa estrechita, que fue en la que se quedaron los coches en los dos viajes que ya había hecho Baby con Emilio: el primero el día anterior, para saber que «está todo bien, esto está ya listo», y el segundo para que Emilio le enseñase al Chino la entrada a la mina y el lugar en el que estaba preparada la dinamita.

Grado, Tineo, Vegafriosa y Piedralonga son los lugares de los que procedían los trabajadores de Mina Conchita, picadores, vigilantes y artilleros, algunos testigos y otros acusados.

El viaje en aquellas condiciones meteorológicas fue una tortura. Primero se desplazaron por la carretera nacional hasta Soto del Barco. Después tuvieron que coger una carretera por el valle del río Nalón, hasta Cornellana, y más allá un desvío que lleva al corredor del Narcea. La carretera es muy irregular y se dibuja entre montañas, dejando el río a la izquierda. Una hora después de haber salido de Avilés, a los pies de una central hidráulica, se aparece de golpe la ladera de la montaña en la que se ve la entrada a Mina Conchita.

Durante el trayecto, al poco de arrancar, el Chino

se quedó dormido. Baby lo observaba de vez en cuando por el rabillo del ojo. El hombre le producía curiosidad. Tenían puesta una emisora de radio, no recuerda cuál, pero sonaba música. ¿Le vio beber, fumar o esnifar cocaína, como dijo Emilio que hacía con él? No, Baby no le vio hacer nada de eso, pero apenas estuvo unas horas en su compañía. El teléfono despertó en un par de ocasiones al Chino, que mantuvo conversaciones breves en árabe durante el viaje antes de volver a caer rendido. En los momentos en que el Chino estuvo despierto apenas hablaron. A Baby la cocaína en aquella ocasión no le impulsó a hablar: le concentró aún más en lo que le gustaba, que era el coche.

—Era joven. Te metes lo que sea y aguantas lo que te echen. Sé que llovía. Llovía un montón, estaba todo muy oscuro y yo iba con el coche a toda hostia. Esa carretera además es jodida. Yo lo miraba y Mowgli dormía. Supongo que estaría cansado del viaje de Madrid para aquí, del viaje a la mina... Yo tampoco quería hablar con él. Si voy en coche voy en coche: cuando voy en coche sólo estoy para el volante y los pedales.

Al llegar al embalse, los tres magrebíes se bajaron de los vehículos y, tras cruzar el puente, emprendieron rumbo a la mina con las mochilas. Baby pensó que iban a volver empapados, y que el Chino se había salvado de un buen resfriado al cambiarse el calzado, pues para llegar a la galería había que cruzar charcos enormes que no podían saltarse.

Baby se quedó al volante del Corolla cerca de la carretera, bajando la rampa: si alguien lo localizaba y le preguntaba qué hacía allí, debía decir que volvía de fiesta y había decidido hacer un parón para no dormirse. El Golf se había quedado en el pequeño aparcamiento de arriba. Baby vio alejarse a las tres sombras, que fueron pronto tres lucecitas de linterna moviéndose en el fondo de la noche en dirección a un cargamento de explosivos. La escena le pareció a Baby, antes de quedarse dormido, de película.

—Yo me quedé en el coche, en la rampa que baja al embalse, por si venía la Policía... —dijo en el juicio—. Porque eso es lo que me dijo Emilio que hiciera. Los otros tres subieron con las mochilas grandes por el sendero que conducía a los pozos de la mina. Bajaron a la hora y media o así. O incluso más, porque yo me dormí. Bajaron con las mochilas llenas de explosivos.

Jamal Ahmidan, Mohamed Oulad Akcha y Abdennabi Kounjaa le parecieron a Baby, cargados con las mochilas, unas figuras ridículas y frágiles bajo la tormenta. Metieron las bolsas llenas de dinamita en el maletero del Corolla. Baby se enteró de que los tres hombres, al tratar de bajar de la mina con el cargamento, se habían perdido en medio del monte. El

Chino se lo contó al subirse al coche. Y que llamaron a Emilio desde allí para que les echase una mano buscando alguna referencia que los ayudase a encontrar el camino de vuelta. Subieron a la carretera metidos en el coche, y al llegar al Golf cambiaron las bolsas para él. Los dos coches arrancaron en dirección a Avilés.

¿Qué hacía Emilio? Su mujer también se lo preguntaba. Según declaró, después de cenar con él, discutieron y Emilio se marchó de casa entre las 22.00 y las 23.00 horas. Carmen Toro se quedó dormida viendo un programa del corazón, *Salsa rosa.* Cuando se despertó en medio de la noche, llamó a Emilio para preguntarle dónde estaba. Emilio no le dijo dónde: sólo que estaba dando vueltas con el coche mientras pensaba («era la primera vez que lo hacía», dijo Carmen). Volvió a quedarse dormida; se despertó sobre las 14.30 horas y Emilio estaba metido en la cama junto a ella.

En la madrugada de ese domingo 29 de febrero, bajo una lluvia persistente y con nadie en la carretera, el Corolla y el Golf se cruzaron con el coche de Emilio en el municipio de Salas, a la altura del bar Americano. Pararon en la cuneta, y los tres coches tomaron rumbo al garaje de Emilio en su edificio de Llano Ponte. Allí descargaron la dinamita del maletero del Golf y lo pasaron todo al de un Ford Escort blanco: necesitaban el Golf para un último viaje. Emilio tampoco hizo ese trayecto. Baby calcula que podrían ser ya las cuatro o cinco de la mañana. Antes de regresar al volante, se excusó para meterse en el cuartito del trastero, cerrar la puerta y volver a hacerse una raya de cocaína. Ni el Chino ni sus socios le decían nada. Baby recuerda su actitud metódica y sencilla, callada. Su conducta era la de estar consagrados a una misión, que Baby entendía puramente delictiva.

En Mina Conchita volvieron a hacer lo mismo. Esta vez los yihadistas no se perdieron en el monte. Regresaron a hacer el intercambio de dinamita en la misma carretera, en un aparcamiento aislado cerca del embalse, y cuando volvieron a presentarse en el garaje de Emilio, el exminero volvió a aparecer; cada vez tenía peor aspecto. Eran entre las siete y las ocho de la mañana. Un vecino bajó y los vio cargando bolsas en el maletero; los avisó de que no era un día propicio para ir a la montaña.

Esta vez la dinamita se cargó toda en el Golf: iba alguna bolsa incluso en el asiento trasero, al no caber en el maletero. ¿Cuánta? Se estima que unos ciento cincuenta kilos de dinamita. El Escort era de Emilio y se quedaba en el garaje junto a sus dos *quads*, su Lancia, su Mercedes y su moto. Baby asegura que era Goma-2. «Era Goma-2 fijo. Era Goma-2 porque además lo vi. Vi los cartuchos y demás. Vi las bolsas, los paquetes, lo vi todo. Sé que era Goma-2.»

Mohamed Oulad Akcha y Abdennabi Kounjaa

iban a viajar a Morata de Tajuña en el Volkswagen Golf cargado de dinamita, y el Chino, solo, en el Toyota Corolla. Había amanecido ya. Los cinco, en el garaje, se despidieron. El Chino abrió su cartera y Baby observó que la tenía llena de billetes de quinientos y doscientos euros. Sacó doscientos y se los dio: «Para que te tomes algo». Fue entonces, antes de que se subiesen al coche y partiesen, cuando Jamal Ahmidan dijo de forma sentida que volverían a verse «en esta vida o en la otra». Otra versión de la frase, «nos veremos en el cielo o en la tierra», se la dijo por teléfono dos días antes del 11 de marzo a Emilio Suárez Trashorras, o eso declaró el Minero.

En 2014, en un cuestionario que le envió el periodista José María Olmo, de *El Confidencial,* Trashorras dijo: «Yo no sabía qué iban a hacer con ellos [con los explosivos]. Siempre pensé que los querían para reventar cajas fuertes, que era para lo que siempre se utilizaban. A mí me condenan porque dicen que yo tendría que saber que las personas a las que les di los explosivos eran islamistas radicales, pero a la gente se le olvida que los moros con los que yo me relacioné iban a puticlubs, esnifaban cocaína, bebían alcohol... No tenían el perfil que supuestamente tienen los islamistas radicales. Jamás se me pasó por la cabeza que pudieran dedicarlos a acabar con la vida de personas. A mí me dijeron que la dinamita era para reventar cajas fuertes».

Años antes se lamentaba desde la cárcel: «Lo peor que llevo es no haber sabido diferenciar a tiempo lo que es un traficante de lo que es un terrorista islámico, pues yo sé distinguir al traficante y al consumidor de drogas al kilómetro, pero un terrorista islámico puede venir camuflado o mimetizado, como hemos podido comprobar, tanto de vendedor de móviles como de vendedor de ropa, albañil, estudiante de aeronáutica, traficante, portero de discoteca».

Emilio y Baby se fueron a desayunar a Casa Tito, en la avenida de Gijón. Allí había citado Emilio a Rubén, el chico con el que habían estado al principio de la noche. Rubén, que quería comprar hachís, declaró en el juicio que siempre veía juntos a Emilio y a Baby, por lo que pensó que eran familia. Dijo que se extrañó ese domingo por la mañana al ver a Emilio, porque lo vio en chándal, sucio y despeinado. Tenía cara de no haber dormido, y de hecho, Emilio le dijo que había salido de noche, por eso le extrañó el vestuario de su amigo, que no era el habitual de salir de copas.

Cuando terminaron de desayunar en Casa Tito, se fueron cada uno a su casa. Baby llegó y se encontró a su madre alterada y gritándole. Le preguntó dónde había pasado la noche, dónde se había metido y qué estaba haciendo. Baby sacó un billete de cien euros del pantalón y lo tiró sobre la mesa de la cocina antes de marcharse dando un portazo. Se fue al antiguo piso de Emilio, el de la calle Llano Ponte, que el exminero había dejado para irse a vivir de casado a Marqués de Suances. Allí durmió hasta las nueve de la noche. Al despertarse, bajó a la calle a cenar a un Telepizza. Después llamó a Javier González Díez, *el Dinamita,* y los dos dieron un par de vueltas en coche y tomaron un café. Entre medias, su madre se encontró a Emilio por la calle y lo abroncó por el resfriado que tenía su hijo al estar toda la noche de tormenta fuera.

Baby no pensaba en nada, dice. No le dio importancia a nada. Si se le pregunta qué le había llevado hasta allí, responde: «Una mezcla de todo. Andas en la calle, estás con éstos y con aquéllos...».

NUEVE

El 18 de septiembre de 2003, un hombre, Pablo Agulló, se encontraba jugando al pádel en el Golf Park de la urbanización Moraleja Green de Madrid. De la mochila que había dejado en el vestuario le sustrajeron las llaves de su coche, un Toyota Corolla blanco. El 28 de diciembre de 2003, Jamal Ahmidan, *el Chino,* le entregó el Corolla a José Emilio Suárez Trashorras en Madrid. Fue «un regalo». Trashorras subió a su ciudad, Avilés, en ese coche, y al llegar le quitó la matrícula (1891 CFM). Fue a Recambios del Norte para que le pusiesen otra, y cuando le reclamaron la documentación del vehículo, Trashorras entregó un informe de antecedentes obtenido de Tráfico relativo a otro Toyota Corolla, éste de Beatriz Higuera, con matrícula 3291 CDW, que nunca fue robado.

El 29 de febrero de 2004 a las 16.15 horas, una patrulla de la Guardia Civil detuvo el Toyota Corolla cuando se dirigía a Madrid. Fue en el kilómetro 12,500 de la N-623. Conducía el coche Jamal Ahmidan, *el Chino.* Enseñó a los agentes un pasaporte belga falso a nombre de Youssef Ben Salam. Los agentes le denunciaron por exceso de velocidad y por no tener la documentación del coche en regla.

—Así que Tetuán, eh. Eso era España —le dijo el agente.

—Y todo era al-Ándalus.

Comprobaron que el vehículo pertenecía a una persona española; como nada más les llamó la atención, según declaró uno de los agentes, lo dejaron marchar. Detrás del coche viajaban Mohamed Oulad Akcha y Abdennabi Kounjaa en un Volkswagen Golf repleto de dinamita.

Horas antes, de madrugada, en la localidad de Cañaveras, en Cuenca, la Guardia Civil había detenido dos furgonetas de la banda terrorista ETA. Una de ellas llevaba quinientos kilos de dinamita. Interior estaba en máxima alerta por la amenaza de un gran atentado terrorista en Madrid previo a las elecciones generales, que se celebraban el 14 de marzo. Cuando se publicó la noticia, el 1 de marzo, Baby volvió a preguntarle a Emilio por la dinamita de Mina Conchita; Emilio volvió a responderle que los árabes la querían para reventar puertas y escaparates de joyerías.

El 3 de marzo, José Emilio Suárez Trashorras estaba tomando una copa con Baby en un bar de Avilés.

—¿Tú quieres el Corolla? —le preguntó de repente.

—Sí, claro —respondió el chico, que ya lo conducía habitualmente.

—Pues si lo quieres es para ti, pero tienes que irte a Madrid a buscarlo.

Trashorras le pagó el billete de Alsa a Baby. Era la segunda vez en un mes que éste viajaba a Madrid en Alsa, las dos pagadas por Trashorras en clase supra. Después de un viaje de cinco horas, el autobús llegó de noche a la estación de Méndez Álvaro. Allí esperaban a Baby Mohamed Oulad Akcha, a quien ya conocía, y Abdelmajid Bouchar, «un crío, un chico que nunca había visto: debía de tener veinte años». Bouchar, un mes después de ese encuentro, bajó a dejar una bolsa de basura a un contenedor de Leganés y vio el edificio rodeado de Policía; su especialidad en los tres mil metros lisos le permitió escapar de los agentes y avisar a gritos a sus compañeros, que permanecían amontonados en un piso. Fue detenido en 2005 en Belgrado;

para entonces en España ya se le conocía como el Gamo.

En Madrid, Baby preguntó a los dos hombres cuál era la carretera que le llevaba a Toledo. En Toledo viven en una caravana unos tíos de Baby. Baby quiso ir a verlos y pasar allí unos días. Oulad y Bouchar subieron a Baby al Toyota Corolla y se lo llevaron por Madrid para dejarlo cerca de la salida a Toledo. Baby recuerda que se bajaron en una glorieta y lo dejaron a él al volante.

Baby había aprendido a conducir a los trece años en su barrio, La Magdalena. Una tarde pidió el coche a un tío suyo.

—¿Tú sabes conducir? —le preguntó el hombre.

—Sí, bueno... Pillas el embrague, metes la marcha, aceleras.

En el asiento del conductor del coche de su tío, un Ford Escort blanco, Baby aceleró y luego frenó en seco. Llegaba bien a los pedales: en pocos días aprendió a conducir. Fue en el año 2001; en 2013 se sacó por fin el carné.

Ese 4 de marzo de 2004, Baby salió de Madrid con el Corolla para encontrarse con sus tíos en Toledo. Pero nada más alejarse de la ciudad, un coche detrás de él le empezó a dar largas. En lo primero que pensó Baby fue en que fuera de Asturias no conocía a nadie. En las carreteras comarcales de Avilés estaba acostumbrado a las luces largas de algunos amigos.

Aceleró un poco más, para ver qué ocurría, y vio que el coche que tenía detrás y le había puesto largas se le pegaba al culo por más vehículos que adelantase Baby.

Se dio cuenta rápidamente de que eran Policías. Les habría llamado la atención su estatura, sus rasgos: era un niño. Y la velocidad: Baby conducía rápido, siempre rozando los doscientos kilómetros por hora. «Yo siempre conducía todo lo rápido que podía», dice.

Baby cogió aire, apagó las luces del Toyota Corolla y puso el coche a toda velocidad en mitad de la noche. Recuerda haber llegado a doscientos cuarenta. Empezó a adelantar coches a izquierda y derecha perseguido por la Policía mientras los demás conductores de la autopista pitaban, ponían largas y alguno se apartaba en el arcén viéndolos venir, como cuando pasa una ambulancia, algo que, por otro lado, tarde o temprano iba a acabar sucediendo. De repente, el apacible tramo de autopista entre Madrid y Toledo se convirtió en una ruleta rusa y el Toyota Corolla en una bomba rodante.

«Iba follado, a toda hostia», recuerda Baby. Semanas antes tuvo un golpe en Avilés contra un contenedor y partió el retrovisor del coche. Ahora, mientras pisaba el acelerador, trataba de distinguir por su espejo interior el coche de la Policía, sin resultado. Así que echó la cabeza hacia atrás un par de segundos.

Los veía a lo lejos, ya los tenía casi fuera de su campo visual.

«Libro, libro», pensó.

Cuando volvió la mirada a la carretera, la aguja estaba a ciento noventa y se iba derecho a un quitamiedos. Había una salida hacia Desguaces La Torre. Baby pegó un volantazo a un lado, luego a otro. El coche estaba fuera de control. Saltó el quitamiedos y se estrelló. El Corolla se quedó de lado tras varias vueltas de campana, con Baby morado como si hubiese muerto. Tenía el brazo atrapado en una puerta y el pie entre la chapa. Se había quedado inconsciente. Durante los minutos que duró la persecución, recuerda que pensaba en conducir, en la carretera y en nada más. Que ni había pensado en la muerte y que además eso le daba igual. Sólo quería escapar de los Policías, no meter a Emilio en un lío, llegar a Toledo y estar tranquilo.

Un agente lo espabiló a bofetadas. Lo primero que recuerda Baby es que le repetía:

—Menuda carrera nos has dado.

—¿Dónde estoy? —preguntó Baby.

El guardia civil se lo dijo.

—Pero qué hago yo aquí, si yo soy de Asturias.

Los bomberos cortaron el coche para excarcelarlo. A Baby le dolía todo, especialmente un brazo y una pierna. Estaba vivo de milagro. «Estás vivo porque aún tienes el cinturón puesto», le dijo uno de los bomberos que lo sacó del Corolla. Era alrededor de medianoche. Lo subieron a una ambulancia y lo llevaron al hospital. Allí le hicieron varias pruebas y comprobaron que estaba bien. Tenía un tobillo roto y salió del hospital con él escayolado y un collarín. Sufría contusiones en todo el cuerpo, que se le había puesto violeta por el golpe. Estaba detenido.

Lo trasladaron al cuartel de la Guardia Civil de Getafe, se sentó delante de un agente y le pusieron tres multas que no ha recibido nunca: por no tener seguro, por no tener carné y por exceso de velocidad. Acto seguido, lo llevaron a un centro de acogida en Moratalaz. Allí durmió un par de horas y después aparecieron, procedentes de Avilés, su hermana, Iván Granados, *Piraña,* y Javier González, *el Dinamita.*

El Dinamita vivía a un kilómetro de la casa de Baby. La madre de Baby apareció en su puerta de noche para preguntarle por el chaval. La aporreó hasta despertarlo, pues a ella la habían llamado de la Guardia Civil a las cuatro de la mañana. El hombre dijo que no sabía nada «del Guaje»; la propia madre de Baby le informó: estaba detenido tras tener un accidente, ella se encontraba a punto de dar a luz y la hermana del chico, Tamara, era menor de edad. Por tanto, necesitaba que él fuese con Iván Granados, que no tenía coche, a Madrid a buscar al chaval. Que no se quedase solo, que estuviese alguien allí con él. Que no sabían cuál era su estado: a ella la llamaron primero para decirle que había tenido un accidente y después para decirle que su hijo también estaba detenido por conducir sin carné un coche robado y con las matrículas dobladas.

Baby, sin embargo, prefirió irse con sus tíos de Toledo, que también habían aparecido en el centro de acogida. El Dinamita, Granados y Tamara, que los acompañó, devoraron unas hamburguesas al llegar a Madrid y luego telefonearon a Baby para decirle que le venían a buscar para llevarlo a casa. Pero Baby les respondió que quería estar unos días en Toledo, recuperarse allí y desconectar de los últimos meses de Avilés, cuando su vida dio la vuelta como un calcetín tras conocer a Emilio y convertirse ambos en uña y carne. Al Dinamita se lo llevaban los demonios. Subieron los tres de nuevo en coche a Asturias.

La Policía, mientras esto ocurría, metió los datos de la matrícula del Toyota en su base de datos y comprobó que era de un Corolla propiedad de Beatriz Higueros. Los agentes llamaron a Higueros para preguntarle si seguía conservando su coche y ella respondió que sí. Los agentes la instaron a comprobarlo y ella tuvo que bajar al garaje a cerciorarse de que su Corolla estaba en la plaza en que lo había dejado. La mujer acudió al cuartel de la Guardia Civil de Getafe y prestó declaración varias horas. Se le enseñaron varias multas atribuidas a su coche: unas estaban a nombre de José Emilio Suárez Trashorras y otra, datada el 29 de febrero en una carretera de Burgos, a nombre de un supuesto ciudadano belga llamado Youssef Ben Salam.

—¿Los conoce usted?

—No.

Beatriz Higueros tuvo que declarar tres veces más que no conocía de nada a Emilio Suárez Trashorras ni al presunto Youssef Ben Salam, que era, en realidad, Jamal Ahmidan. Se siguieron haciendo indagaciones hasta llegar a Pablo Agulló, que había denunciado el robo de su coche cuando jugaba al pádel en La Moraleja. Era el 5 de marzo de 2004.

DIEZ

Baby permaneció un par de días en Toledo descansando en la caravana de sus tíos. Una «vida tranquila, sin nadie, sin molestias». No paseaba mucho porque tenía el tobillo mal por la lesión. Pasaba el tiempo sin hacer nada, viendo la tele. Durante esos días no recibió ninguna llamada de Emilio; le extrañó. Cuando se vio con fuerzas, el 8 de marzo, su tío lo llevó a Avilés.

Nada más llegar a casa, lo primero que hizo fue llamar a Emilio. Su amigo estaba enfadado. Tras telefonearlo, quedó con él delante de la casa de su tía, en las afueras de Avilés. A la cita se presentaron Emilio y el Dinamita. Allí, Emilio le pegó una bronca a gritos. El coche que Baby había estrellado era robado, las matrículas estaban dobladas. «Joder —le dijo—, si empiezan a atar cabos, estamos jodidos.» La bronca siguió varios minutos. Dice Baby que el Dinamita intervenía de vez en cuando. El adolescente la escuchó sin protestar. Le dijo a Emilio que, por más que se enfadara, ya no se podía hacer nada, ya estaba todo hecho, ¿qué se podía hacer?

Se despidieron y siguieron sin hablarse tres días más, hasta el 11 de marzo. Ese día Emilio recuperó por sorpresa la rutina de las semanas anteriores al accidente de Baby con el Corolla: ir a despertar al chico a su portal. Timbró en el telefonillo. Baby dormía. No había salido la noche anterior: estuvo en casa descansando, recuperándose del accidente, viendo la tele y jugando a la consola.

—¿Quién es?

—Soy Emilio, baja.

El chico se vistió y bajó. «¿Qué pasa?», le preguntó a Emilio. El Minero parecía nervioso. «Ahora te cuento», dijo.

Los dos fueron al bar que está al lado de la comisaría de Avilés, el lugar que frecuentan los Policías y donde Emilio solía reunirse con el inspector Manolón. Allí también acostumbraban a ir Baby y Emilio muchas veces a hablar de sus trapicheos. Esa mañana todo el mundo miraba hacia el televisor: varias bombas habían estallado en Madrid, en el interior de unos trenes, provocando una masacre.

Los dos ocuparon una mesa. Emilio, sin despegar la mirada del televisor, sacó su teléfono móvil y realizó varias llamadas sin resultado. Luego anunció: «Estoy llamando a éste y no me coge el teléfono». Baby lo miró sin decir nada. Emilio, cada vez más nervioso, aclaró a quién telefoneaba: «Estoy llamando a Mowgli y no me coge el teléfono, estoy llamando a Mowgli y no me coge el teléfono», repetía. Toda España daba por hecho que ETA era la autora de los atentados de Madrid.

Baby observó que Emilio estaba sudando. Se hallaba, de hecho, empapado en sudor. «Hostias, menuda la que han armado éstos. Menuda la que ha armado Mowgli.» Baby dice que Emilio no tenía ninguna duda: el atentado era cosa de sus amigos. Los dos cuchichearon en la mesa sobre los explosivos, sobre las posibilidades de que fuera la dinamita de Mina Conchita la que había explotado en los trenes. Emilio lo dio por hecho. Baby nunca lo vio tan nervioso: no tenía uñas, parecía comerse directamente los dedos. Baby dice de él mismo, sin embargo, que estaba tranquilo. Dice que jamás creyó que la dinamita iba a usarse para matar a gente, que aquellos marroquíes «no podían llegar a tanto», pero no le dio más vueltas. Se preguntaba, en cualquier caso, cómo había podido suceder algo así. Se justificaba diciéndose a sí mismo que, si no hubiese sido él el que llevase al Chino a Mina Conchita, hubiese sido otro. Y que lo hecho ya estaba hecho, que no podía hacerse nada más, ni cambiar el pasado.

Los dos se despidieron. Baby dejó a Emilio en la calle en estado de pánico. Se reclamaron mutuamente tranquilidad y discreción. Baby se fue a casa y empezó a seguir el atentado por televisión. Vio cómo ascendían las cifras de los muertos, el impacto de lo que se empezaba a conocer como el atentado terrorista más grande de Europa. Todavía no se creía que realmente fueran el Chino y sus socios los que estuvieran detrás de aquello, y que él y Emilio formasen parte. A la primera noticia publicada sobre la probable pista islámica, dejó de tener dudas: «Pues sí que van a ser ellos», le dijo a Emilio una de las pocas veces que lo vio tras ese día. Nunca pensó, dice, que fueran a detenerlo.

Por su parte, Emilio se comunicó al día siguiente, 12 de marzo, con el inspector Manolón: «Esto es cosa de moros», le dijo. Y le relató su visita a la casa de Morata de Tajuña. Cuatro días después, aparecieron en Avilés agentes de la Policía y el Centro Nacional de Inteligencia (CNI). Emilio fue a comisaría a explicarles qué pasaba.

Ese mismo día en que Emilio hablaba con su Policía, Zouhier lo hacía con los suyos. Lo citaron tres guardias civiles que le dijeron: «Como sean los moros, no se va a quedar ninguno». Rafá se hizo el loco: «Joder, ¿son los moros?». En las respuestas al diputado del PP que le envió preguntas a prisión, contesta: «Estaba claro que yo no sabía nada. El mismo 11-M estaba con Toro y no dijo nada. Pero a la vuelta de Asturias, el día 13, para asistir al cumpleaños de Lofti y para recoger quince kilos de hachís, me comentaron él y Richard que el 12 había ido Emilio a casa de Toro y le había dicho que estaba trabajando o teniendo contactos con los moritos de Madrid, y le había confesado que les vendió los explosivos. Ahí me vi en toda la historia. Como siempre, decidí llamar a la UCO para informarles y decirles mis sospechas y la información que había reunido sobre los moritos a los que conocía Emilio [...]. Los días 16, 17 y 18 estuve en contacto con la UCO para informarles de todo lo que, sorprendentemente, me iba llegando de información».

Su novia de entonces, Cristina, declaró que nada más despedirse de los guardias civiles le había dicho que había que deshacerse de las pruebas de que en su casa se produjera una explosión (la del detonador que le había dado Emilio).

Antonio Toro estaba en Madrid desde el 10 de marzo para reunirse con Rafá Zouhier y negociar nuevos envíos de hachís a Asturias. El 12 de marzo se fueron de juerga por Madrid con Richard, el socio de Toro, y Lofti Sbai, entre otros. Este último se encontraba durmiendo la mañana del 11 de marzo cuando sonó el teléfono: era su amigo Rafá Zouhier. Según Lofti, Rafá le preguntó dónde estaba y él respondió que en casa. Zouhier entonces le urgió a que encendiese la tele. Se lo repitió varias veces en estado de excitación. Dice Lofti Sbai que le contestó mal, le dijo que lo dejase en paz y que quería seguir durmiendo.

—Que enciendas, que enciendas la tele. Mira cómo está Madrid, ha pasado una cosa muy mala.

El traficante cogió el mando y encendió la tele. Dos días después, durante la visita de Toro ese fin de semana a Madrid, Lofti Sbai se encontraba en el gimnasio y recibió una llamada para que bajase a la calle; allí lo esperaban Toro y Zouhier dentro de un coche. Al entrar se los encontró discutiendo, algo que, según contó Sbai al juez, le sorprendió, porque eran muy amigos. Acabaron la discusión en cuanto apareció Lofti, que preguntó qué estaba ocurriendo. «Aquí pasa algo raro, contadme qué está pasando», les pidió. Zouhier miró a Toro y le dijo: «Es tu amigo también, tú sabrás si se lo quieres contar». Lofti Sbai volvió a preguntar qué pasaba. Rafá Zouhier volvió a hablar: «Es la movida esta de los trenes. El Toro viene asustado porque a lo mejor el Chino le compró a su cuñado la dinamita. Y el Toro está asustado porque cree que le va a pasar algo, y que él no tiene nada que ver, ni yo tampoco».

Lofti Sbai afirmó en el juicio que se había enfadado. «¿Por qué me tienes que contar estas cosas?», les había dicho. Se fue dejándolos a los dos, y al cabo de una hora llamó por teléfono a su amigo Rafá para preguntarle qué estaba ocurriendo. Lofti conocía al Chino, lo había tratado mucho, lo conocía de años atrás.

En Madrid compartían mercado. Cuentan Marlasca y Rendueles que incluso, tras salir de la cárcel Jamal en 2003, Lofti le dio decenas de kilos de hachís a precio de coste para que «pudiese remontar el vuelo». Zouhier le dijo que el viejo amigo de los dos se había radicalizado, se había vuelto islamista. Entonces Lofti le preguntó a Rafá por qué seguía haciendo negocios con él, planeando algún atraco, cerrando alguna operación, si conocía eso. Zouhier respondió que jamás creyó que el Chino podía llegar a tanto, que fuese capaz de algo así. «Yo pensé que sólo hablaba», dijo Zouhier.

Estaban los dos en el salón de la casa de Lofti. El traficante encendió la tele. Allí estaba de nuevo el atentado y los primeros pasos de la investigación, todo en la víspera de unas elecciones generales.

—Mira, Rafá, si tú lo sabes y no vas y declaras, al final van a llegar hasta..., vamos, van a saber hasta el último. Esto no es ninguna tontería. Esto no es un juego. Un bolso, un atraco, un banco, lo que sea, se puede camuflar. Aquí hay muchas vidas, aquí ha muerto gente por la cara y tienes que declarar...

Rafá, siempre según Lofti, le aseguró que lo haría, pero que quería esperar a que pasase el fin de semana. Dijo que tenía unos amigos guardias civiles (Lofti ya sospechaba que su amigo era un confidente porque en una ocasión, en un control, al comprobar la identidad de Rafá los dejaron en paz) y que hablaría con ellos.

«Estaba muy asustado, muy asustado, mucho», recuerda Lofti. Lo había notado ya porque después de la juerga del 12 de marzo tuvo lugar otra la noche siguiente en Sirena Verde, una marisquería de Gran Vía, en la que Zouhier no estaba como siempre («estaba inquieto por algo y no es normal en él, porque Rafá es siempre una persona muy echada *p'alante,* va de muy fuerte»). Hubo, además de marisco, champán y cocaína de excelente calidad, según declaró uno de los presentes a *El Mundo.* La fiesta terminó en la discoteca Kapital.

«Según uno de los testigos de la fiesta —escribió Antonio Rubio en *El Mundo*—, el alcohol corrió abundantemente, acompañado de excelente droga y mejores mujeres: "Aquella celebración era como cuando se reúne una gran familia, todos estábamos allí por diferentes intereses, pero nos sentíamos familia".» Eran unos quince invitados: celebraban por adelantado el cumpleaños de Lofti Sbai, que era el lunes. «Sí, muy inquieto. Por ejemplo, estábamos en un sitio, acabábamos de llegar, cogíamos un reservado, pagábamos dos o tres botellas y Rafá se ponía: "No, vámonos". No era el típico Rafá que conocíamos, fiestero y tal [...]. Por eso nos extrañaba. Cuando ya pasó la desgracia esa y salió Rafá por la televisión, entonces coincidimos todos: con razón Rafá estaba nervioso, porque sabía lo que estaba pasando en ese momento.»

Zouhier, nervioso y alterado, según su amigo Lofti Sbai, estuvo de fiesta el 12 de marzo, el 14 de marzo y el 18 de marzo, que se sepa. Su versión y la de Lofti tenían un problema; el teléfono de Rafá estaba pinchado y las grabaciones las tenía la Policía. En octubre de 2004, el periodista Francisco Mercado dio cuenta de ellas en *El País.*

De esta forma, se sabe que horas antes del atentado, el 11 de marzo, a la 1.34, Lofti avisó a Zouhier sobre uno de los terroristas, Asrih Rifaat Anouar (que se suicidó en Leganés semanas después). Le exigió que dejase de andar con él y que tuviese cuidado porque «trabaja con ellos y escucha todo lo que hablan». Sólo horas después del atentado, según publicó *El País,* a las 0.16 horas del 12 de marzo, Zouhier le dijo a Lofti Sbai: «Bin Laden nos ha fastidiado». El socio del Chino le preguntó a Zouhier si es que era Bin Laden el responsable del atentado de los trenes, y Zouhier, el confidente de la Guardia Civil, le dijo que sí y le avisó para que tuviese cuidado con los teléfonos.

Días más tarde le diría a la Guardia Civil que él nunca supo nada del atentado. Que conoció la venta de explosivos «a los moritos», según le dijo al diputado del PP que le envió un cuestionario a la cárcel, dos días después del 11 de marzo. Las grabaciones policiales demuestran que en las conversaciones de Zouhier con su controlador de la Guardia Civil, llamado Víctor, el marroquí delata la participación del Chino y dirige a los agentes a su casa.

Zouhier, como Emilio, basó su defensa en que no conocían el radicalismo religioso de Jamal Ahmidan y su célula. Rafá puso como ejemplo a su amigo Rachid Aglif, *el Conejo*. «Cuando yo estaba trabajando en las discotecas, ese señor venía a verme muchas veces. Me llamaba para entrar y para las copas. ¡Si usted lo ve, a las seis de la mañana, siete de la mañana, cómo salía de las discotecas! Mira: salía, cómo le voy a decir, borracho, pedo, empastillado, encocado. Cómo voy a saber yo que ese tío es un radical islamista si es más fiestero que yo.»

Pero Rafá tenía el teléfono pinchado. El 16 de marzo le habló de Jamal Ahmidan, *el Chino*, a su controlador de la Guardia Civil.

Víctor (V.): Sí.
Rafá (R.): ¿Qué pasa, campeón?
V.: ¿Qué haces?
R.: Oye, que éste creo que está aquí todavía, ¿eh?
V.: ¿Crees que está aquí?
R.: Sí, sí, sí, estoy seguro de que está aquí, porque me ha dicho el otro que le ha llamado.
V.: Pero ¿tú estás seguro de que ese tío tiene algo que ver?
R.: Eh, tronco, escúchame, tiene detonadores, tiene, tiene mandos a distancia, trescientos metros, tiene, tiene Goma-2, o sea que...
V.: Bueno, pero...

R.: ¿Qué quieres? ¿Quieres..., quieres saber más? ¿Qué quieres que te diga más?

V.: ¿Me has conseguido algún dato más o qué?

R.: Eh, ha estado en Valdemoro.

V.: Sí.

R.: Ha estado en Carabanchel.

V.: ¿Qué?

R.: Teléfonos no he podido conseguir, tío, porque el otro los tiene todos borrados, lo está llamando el otro desde una cabina, de una, de un teléfono, de un prohibido, ¿sabes? Sólo sale llamada...

V.: Pero ¿no te puede decir algo de dónde puede estar el tío...?

R.: Está, está donde te he dicho yo, coño. ¿Habéis ido o no habéis ido?

V.: Sí.

R.: Pues en la calle está, yo lo he visto entrar en algún portal de estos, en algún portal de estos ha entrado. Él es bajito, metro setenta y pico, setenta y cinco o así, ¿sabes? Setenta y cuatro o así, bajito, los ojos así como... Es moreno, ¿sabes?, un poquito moreno, así muy pequeño, muy delgado, ¿sabes? Y con pelo así, o sea, ondulado, es un tío religiosísimo, ¿sabes? Es un pibe que reza mucho, supongo que se levantará a las cuatro de la mañana para rezar, para rezar. O sea, que estará en la mezquita también los viernes, a lo mejor esta vez no va ya nunca más, ya no va a ir más ahí, pero siempre va a la mezquita los viernes, en un BMW, tiene un BMW 500 de los últimos, que vale treinta mil euros. Tiene un hijo, tiene una mujer también, española, él vive con su mujer, ¿entiendes?, él siempre está en Bilbao. Más cosas, su teléfono no lo he podido conseguir, tío. ¿Me entiendes? [Se superponen las voces.]

V.: ¿Y no hay manera de poder conseguirlo?

R.: No hay manera, macho [...]. Ha estado en la cárcel de Marruecos también, por un asesinato. ¿Sabes?, tiene cintas del Corán, así, religiosas, de no sé qué. ¿Me entiendes?

V.: Ajá.

R.: Mira, tronco, si tú no crees que ése tiene nada que ver, déjalo, ¿eh?, pues yo estoy segurísimo de que él tiene algo que ver, ¿eh?, si no, no te lo digo, tío, que no es broma esto, coño.

V.: Eso de los detonadores, ¿por qué lo sabes?

R.: Pues estoy seguro de que los tiene porque él ha dicho que conseguía, que conseguía cosas de Bilbao, y del País Vasco, ¿me entiendes?, o sea, él las cosas que consiguió lo consiguió desde arriba.

V.: Ha estado detenido aquí y no sabes por qué, ¿no?

R.: Eh... Por droga, por robos.

V.: Ajá.

R.: ¿Sabes?, pero ahora mismo, tío, ha entrado a la cárcel, se fue a la cárcel a Marruecos, y lo detuvieron. Dentro de la cárcel, pues cogió contactos desde dentro, en Afganistán y este rollo, ¿me entiendes? A los tres años estaba fuera, pero a los tres años el tío vino aquí y cambió. Empezó a rezar, en plan como que... ¿Entiendes? En plan ya... Alá y todo el rollo, ¿sabes lo que te digo? O sea, no bebe alcohol, ya no roba ni *ná*... Empezó a traficar, vino aquí a liarla, a liarla, te lo juro por mi padre, que es que vamos... Estoy segurísimo que es él, ¿eh?

V.: Escucha, para mí es muy importante lo del teléfono.

R.: Vale, yo voy a mover lo del teléfono, a ver cómo lo puedo conseguir, macho.

V.: Bueno.

R.: Mira que lo tenía, tronco. Tenía un teléfono de él antes, lo que pasa que yo he cambiado el número. Yo no he hablado con él en mucho tiempo ni *ná*, ¿me entiendes?

[...]

R.: Mandó dinero, te lo juro, ¿eh? Como que lo has visto con tus propios ojos, ¿eh?, Víctor. A Chechenia y Afganistán, te lo juro como lo has visto con tus propios ojos. O sea, dinero, tronco. O sea, cantidad de dinero [...]. Siempre, siempre, siempre, siempre, siempre hablaba del rollo del teléfono, no hablaba de detonadores, siempre hablaba del teléfono, teléfonos, ¿sabes?, ¿sabes? Quería saber cómo se hacía y todo el rollo, ¿entiendes? Yo hablaba con él y a él le gustaba lo del teléfono,

teléfono, ¿me entiendes? Lo de hacerlo con el teléfono. Yo cuando quieras quedamos tú y yo, Víctor, de verdad.

V.: Bueno, mañana por la mañana.

R.: Esto es una cosa muy seria, tronco, y te digo yo que hay cacho ahí, ¿eh? [...] Yo, este tío..., nunca te he hablado de él, porque ¿sabes? Ese pibe te digo yo que es muy radical, tío, éste es muy radical. Ten cuidado, ¿sabes? [...] No es igual que los demás [de los] que he hablado contigo ni nada, ¿eh?, es un tío que te pega un tiro, ¿eh?, ¿me entiendes? ¿Sabes lo que te digo? Le suda la polla, ¿sabes?, es que eso le suda la polla. Tan radical, tan radical, que le suda la polla. Y no le gusta nada que no sean de su religión, ¿sabes? Es un pibe raro, ¿me entiendes?

Tras la conversación, se fue de fiesta y terminó en una discoteca de Alcorcón con su ligue Cristina. Luego, a las seis de la mañana, según dijo, se fueron los dos a casa de Lofti Sbai. «Tenía que estar al lado de Lofti para hablar del tema, a ver cómo funciona esto y tal, y a ver qué me decía.» Horas después, ya el 17 de marzo, los agentes de la Guardia Civil lo citaron. Sospechaban ya que Rafá Zouhier tenía relación con las bombas del 11-M. El marroquí acudió ufano a la cita. «Si yo hubiera pensado que me van a detener, cojo y les digo "oiga" a los terroristas, y llamo después a mi familia y le digo: "Oiga, que voy a ser detenido, cuidado". Pero yo no sabía nada de esto: ¿cómo voy a pensar que yo voy a estar detenido por una cosa que no he hecho, sino que avisé para que no pasara? Y en ese momento, pues normal, pues yo vine, y me dijeron que tranquilo y tal. Y se me echaron encima. Quiero dejar claro aquí a esta sala que ni me pegaron ni me insultaron. Me dieron de comer, me dieron de fumar en la comisaría y yo no voy a decir que la Policía me ha maltratado. Se portaban bien conmigo porque sabían que había avisado. ¿Cómo me iban a pegar a mí?», comentó en el juicio.

Para detenerlo, lo habían citado donde siempre, junto a la ermita del Santo. Cuando se le echaron encima, dijo: «¿Qué pasa, estáis de broma o qué?». Los agentes estaban escandalizados con la conversación que Zouhier mantuvo con su controlador por una razón: la tarjeta telefónica que no había estallado en los trenes llevó a otras, y en ellas había llamadas a Avilés. Rafá Zouhier les había hablado de los asturianos que ofrecían explosivos en Madrid, les había dado el nombre de Emilio Suárez Trashorras. Y Emilio Suárez Trashorras, detenido horas antes, les había dado el nombre de Rafá Zouhier. Los dos confidentes, que siempre hablaban con sus controladores con cuidado para no inculparse, habían caído dando informaciones uno del otro.

Rastreando las llamadas de las tarjetas, dos agentes de la Guardia Civil y uno del CNI habían llegado el 16 de marzo a un par de cabinas de Avilés para saber a quiénes estaban llamando los terroristas. El inspector Manolón les comunicó que tenía a un confidente hablándole de unos moros a los que les compraba el hachís. Le pidieron verle. El 17 de marzo, Emilio, como tantas mañanas, fue al portal de Baby a timbrarle. Si estaba dormido, como solía, pedía por favor que bajase igual, que se levantase. Pero esta vez ocurrió algo distinto: no pidió que lo despertasen.

Cuando Baby se levantó de la cama, su hermana le dijo que Emilio había ido a buscarlo.

—Y qué, ¿no dijo que bajase ni nada?

—No, dijo que siguieras en la cama.

Baby pensó que era raro. «Muy raro, ya. Él siempre decía: "Oye, baja que te espero aquí", o "Baja, que te espero en tal bar". Siempre, siempre, siempre, siempre. Me pareció muy raro que le dijese a mi hermana que siguiese en la cama.» Su primera reacción fue llamarlo. Pero Emilio no respondía al teléfono. Llamó hasta cansarse, pero no hubo forma de que su amigo contestase. Entonces Baby decidió ir a su casa, pero allí no estaba, no había nadie.

Telefoneó a Javier González Díaz, *el Dinamita.* Le preguntó si sabía algo de Emilio. El Dinamita le respondió que no, que él también lo estaba llamando y que no le contestaba al teléfono. Quedaron los dos en verse y fueron hacia su portal. Allí se cruzaron con la mujer de Emilio, Carmen Toro. Le preguntaron por él. «Está ocupado», dijo ella con prisa. Y la vieron perderse dentro de la comisaría. «Le llamaron y fue a comisaría», dijo Carmen Toro años después al *Diario Sur.* «Pregunté qué pasaba y me dijeron "vete pa'casa que va en un rato". Me acosté y a la mañana siguiente no estaba. Fui a buscarle y me dijo: "Vida, me llevan para Madrid, pero quieren que firme un papel que dicen que es un seguro de viaje". Le dije que no firmara y me fui a buscar a su abogado. No sé qué más pasó, pero firmó y ese papel era su detención. Estuvo incomunicado y ya no volví a estar con él.»

Baby y el Dinamita se fueron rumiando: «Algo está pasando. Algo raro está pasando». Los dos, a los que separan más de treinta años, caminaron por Avilés mientras hacían toda clase de conjeturas. Baby recuerda que el país se encontraba en estado de *shock.* La investigación del 11-M, el vuelco en las elecciones generales. Los dos, pensaba entonces, estaban en medio de todo eso.

El Dinamita no fingía su preocupación. Y en conversación con Baby empezó a preparar lo que tenía que decir si lo detenían. Él no tenía relación con las bombas, con los atentados, pero estaba metido en demasiados negocios con Emilio como para creer que la Policía, con 191 muertos, lo iba a dejar de lado. Eso le comentaba a Baby, a quien aconsejaba que él fuese preparando también algo porque podría ser detenido. Le dijo: «Te van a preguntar y estaría bien que supieses lo que vas a decir. Tú diles que conoces a Emilio de ir a tomar algo por ahí con él y ya está. No les digas más». Baby fue seco: «No te preocupes, que yo sé muy bien lo que tengo que decir».

En ese momento, ya en comisaría, Emilio Suárez Trashorras disfrutaba de sus últimas horas en libertad. Lo hizo a su manera. Primero negándose a hablar y tratando a los agentes con displicencia, y luego, satisfechas sus demandas (entre ellas seguir la final de la Copa del Rey entre el Real Madrid y el Zaragoza), con una tremenda verborrea. Fue una declaración extraña: no estaba detenido. Llegaron a salir de comisaría y se fueron a cenar y beber algo al centro de Avilés. Emilio les hacía observaciones y les contaba detalles ajenos a la investigación. Cuando hablaba de la preparación de los atentados, combinaba mentiras y verdades, trataba en todo momento de no autoinculparse y de aparecer como confidente clave: como alguien que dio el aviso repetidamente. Pero también, llevado por su propio monólogo, cuenta que él proporcionó los explosivos a los terroristas.

El CNI hizo una nota respecto de esa declaración del 17 de marzo en la que Emilio detalla su relación con el Chino (se refiere a él todo el rato como Mowgli), comenta su situación de invalidez por esquizofrenia y admite tener relación con el robo de explosivos en la mina de su antigua empresa, Caolines de Merillés. El CNI expone, según la declaración de Emilio: «Mowgli, marroquí de la zona de Tetuán, delgado y de 1,70 de estatura, estaría casado con una española, tendría un hijo de unos 10-12 años, matriculado en un colegio público de Madrid. Los otros dos marroquíes que siempre lo acompañan, pero que no hablan (se supone que desconocen el idioma), responden a las descripciones: el primero, estatura de 1,80 metros, 30-35 años, magrebí. El segundo, estatura de 1,60, 30-35 años y con cara similar a la de un afectado por síndrome de Down».

En su monólogo imparable, Emilio recuerda que conoció al Chino a través de otro marroquí, Rafá Zouhier, y que éste era un tipo que «vive en la zona de Villanueva del Pardillo, al lado de un concesionario Renault, alto, muy fuerte, pelo muy corto. Trabaja jueves y fines de semana como portero de discoteca. Se dedica al tráfico de armas, falsificación de documentos. Tiene un Golf color azul y vive con un tío suyo llamado Mustafá. Frecuenta mucho el local de alterne Flowers Gardens de Madrid, donde tiene *amigas* que le doblan tarjetas Visa de clientes». Y termina contando lo esencial, el fin de semana que lo sepultaría, con el testimonio de Baby, en la cárcel: el fin de semana del 28 y 29 de febrero. Según dice a los agentes, la banda del Chino se acercó a Avilés con la intención de atracar a mano armada una joyería. Sin embargo, se la encontraron cerrada. Viajaban en un Golf negro con las matrículas nuevas que tenía un fallo mecánico, de ahí que Emilio les prestase un Toyota Corolla que el propio Chino había vendido a Emilio meses antes.

Los magrebíes, según esa primera declaración de Emilio (vendrían muchas más), robaron unos detonadores sin estar él presente, y acabaron marchándose de Asturias por Cantabria «al creer que estarían menos vigilados». Días más tarde, Jamal Ahmidan habría llamado a Emilio, según contó el exminero a los agentes, para decirle que ya podía bajar a Madrid a por el coche. Y Emilio mandó «a un chico de Avilés de quince años, al cual le regaló el Toyota, que se encontraba aparcado en la calle de Méndez Álvaro de Madrid. El chico ese día tuvo un accidente de tráfico en la carretera Getafe-Toledo y volcó, levantándose el correspondiente atestado judicial».

Cuando terminó su declaración, la misma que llevó a la detención de Rafá en Madrid, Emilio Suárez Trashorras fue detenido. Eran las ocho de la mañana. A las 9.30 lo trasladaron a Madrid para que identificase a los marroquíes de los que hablaba, tanto en las bases de datos de la Policía como en los lugares que apuntaba, entre ellos la casa de Morata de Tajuña en la que se habían fabricado las bombas.

La noticia de la detención de Emilio no sorprendió a Baby. Siguió hablando con el Dinamita los días siguientes, siempre en relación con las justificaciones que tenían que dar en el caso de que los detuviesen. Fueron horas angustiosas para muchos de ellos. No para Baby, que contempló cómo la pandilla del Arbolón se esfumó delante de sus narices. Desapareció, aterrado, Iván Granados, *Piraña.* No había rastro apenas de Sergio *Amokachi.* Y el Dinamita, que se sabía inocente, pero en serios apuros, barruntaba su declaración policial, que sospechaba inminente.

«Después de la detención de Emilio, todo el mundo en Avilés supo que lo de Madrid era, de alguna forma, cosa nuestra», dice Baby.

Baby no dejó de llevar su vida normal. Las mismas calles, los mismos bares. Los mismos *trapis* ya con la mercancía menguada, sabiendo que no iba a poder abastecerse: su camello estaba detenido y el camello de su camello era buscado por ser el autor de los atentados del 11-M. Avilés, de un día para otro, había amanecido sembrada de Policía. Secretas en cada esquina, patrullas circulando. No había un centímetro de la Travesía de la Vidriera sin vigilancia. En Madrid se estaba desmadejando un hilo gracias a las primeras confesiones y a las llamadas telefónicas detectadas por la bomba que no estalló, y que hacían de ese barrio de Avilés una zona caliente.

Baby siguió saliendo de fiesta esos días. Notó enseguida que la gente no se paraba con él como antes. Los viejos amigos saludaban, pero guardaban distancia. Iban, dice, con cuidado. «La gente tenía miedo, muchísimo miedo. No quiere relacionarse contigo, es normal. No quiere que la metan en el mismo saco.» El mundo de la noche, dice Baby, sospechaba que la pandilla habitual de Emilio, él mismo, Antonio y Carmen Toro, Richard, Piraña, el Dinamita, eran fruta madura: estaban ya condenados a tenérselas con la Policía, a dar explicaciones de su relación y a verse en la tesitura de demostrar que no tenían nada que ver con el mayor atentado terrorista de Europa. «Nadie quería salpicarse. Fueron días rarísimos.»

En casa de Baby nadie, ni sus hermanas ni su madre, hizo referencia al 11-M. Antes de la detención de Emilio, porque no solían hablar de asuntos de actualidad ni comían juntos. Después de la detención de Emilio, el amigo de Baby que cada mañana lo despertaba al telefonillo, porque cualquier alusión haría que el chico estallase. «Mi madre me conoce. Y sabe que si me dice algo enseguida salto. Me quiso dejar en paz.»

El 29 de marzo aquella calma tensa se terminó. «Detenido en Asturias un cuñado del minero encarcelado por suministrar los explosivos a los terroristas», anunció el diario *El País*. «Antonio T. C., avilesino de veintiséis años, cuñado del exminero José Emilio Suárez Trashorras, encarcelado por su supuesta implicación en el suministro de explosivos Goma-2 a los autores de la masacre terrorista del día 11 en Madrid, fue detenido ayer en Asturias. Se sospecha que Antonio T. C. fue la persona que durante una de sus estancias carcelarias pudo haber facilitado información a presos marroquíes sobre la facilidad de su cuñado para suministrar Goma-2 procedente de minas asturianas. Antonio T. C. está estrechamente vinculado a su cuñado, han tenido un negocio conjunto de venta de coches de lujo y se los considera personas inseparables [...]. El pasado 14 de febrero se convirtieron en cuñados por el matrimonio de José Emilio Suárez Trashorras con su hermana Carmen María, de veintitrés años, guarda de seguridad en un hipermercado de Avilés.»

Un día después España amaneció con los rostros de siete terroristas sospechosos de atentar contra los trenes de Madrid. Jamal Ahmidan, *el Chino;* Serhane Ben Abdelmajid Fakhet, *el Tunecino;* Rachid Oulad Akcha; su hermano Mohamed; Abdennabi Kounjaa; Abdallah*;* y Said Berraj. Allí estaba por fin Mowgli. Allí estaba Kounjaa, que para Emilio tenía tal cara de «mongólico» que en su declaración aportó que tenía rasgos de síndrome de Down. Y Oulad, *el Risitas.* Los tres terroristas con los que Baby compartió la noche en la que ellos se aprovisionaron de dinamita para reventar cuatro trenes llenos de gente.

Fue un miércoles, el último día de marzo. Baby estaba en casa. La televisión, encendida. El chico recuerda que su madre y su hermana pequeña estaban con él; una en la cocina, otra en el salón. De pronto salieron las imágenes en pantalla. «Piensas: ¡bum!» Recuerda que le salió una sonrisilla. Una sonrisilla como diciendo: «A éstos los conozco». Luego cambió de canal.

ONCE

Tres días después, el sábado 3 de abril, miembros del Grupo Especial de Operaciones (GEO) rodearon un edificio en la calle Martín Gaite de Leganés en el que se habían refugiado los terroristas. A las seis menos cuarto de la tarde se produjo el primer tiroteo. Los agentes habían ocupado un patio interior del edificio y también se encontraban en la calle disparando. Los terroristas abrieron fuego desde las ventanas. Mientras tanto, se producían invocaciones a Alá y gritos en árabe que los agentes no entendían. El grupo del Chino llegó a tirar un cinturón con explosivos, que no estalló. Para entonces ya eran cientos los agentes y habían llegado refuerzos. Varios helicópteros sobrevolaban la zona y las tanquetas ocuparon la calle.

A las ocho y media de la tarde los geos dejaron el edificio, ya evacuado de vecinos, sin luz, agua y gas. A las nueve se presentaron en el rellano de la puerta, tan cerca que podían hablar con los terroristas, a los que pidieron que se entregasen. «¡Entrad vosotros, mamones!», respondió uno. Había llegado la hora de la inmolación. Los suicidas hicieron llamadas para despedirse. Uno de ellos, Abdennabi Kounjaa, el que según Emilio tenía cara de «mongólico», aquel al que guio Baby con el Chino y el Risitas a Mina Conchita, terminó su extensa carta. «En el nombre de Dios, el Clemente, el Misericordioso. Soy Abdennabi Kounjaa. Éste es mi testamento y espero que se lea con prudencia.» Le pide a sus suegros que no permitan que su hija vaya a la tierra «de los infieles» y que se guarden ellos mismos y a sus familiares «del infierno». Dice que se siente «feliz». A su mujer le informa que ha vivido añorando su inmolación, y da gracias a Dios por hacerle coger esa senda. No ha dejado a sus hijas, cuenta, por deseo propio, sino por cumplir órdenes de Alá. A las niñas les recuerda que ha sido siempre un hombre de «valores morales» y les pide que no se aferren mucho «a esta vida». A los «hermanos en el camino de Alá» les escribe que eligió «la muerte como camino para la vida». «Absteneos de seguir los extravíos de Satán, de humillaros y de creer en las falacias de los déspotas, de modo que el mundo entero, tanto en Oriente como en Occidente, se está riendo de vosotros.» Reclama al final que la maldición de Alá caiga sobre los injustos.

El Chino llamó primero a Rosa, su mujer. Casi no era capaz de hablar. Le dijo que era mejor morirse, que nunca se iba a entregar. La mujer oía por detrás «mucho cántico, mucho rezo». Después Jamal Ahmidan llamó a su madre. A ella le dijo que se iba para el cielo con Dios por todos los infieles, que ellos iban a pagar por sus pecados, que habría setenta elegidos a su lado el día de la muerte.

Luego se inmoló. Estalló mientras hablaba con ella.

Los periodistas Manu Marlasca y Luis Rendueles publicaron en *Interviú* las conversaciones entre miembros de la familia de Jamal Ahmidan, *el Chino.* «Han hecho una salvajada: han alquilado un piso donde han estado escapados, y cuando la Policía descubrió el piso, se inmolaron... Saben que si los cogen van a estar allí [en prisión] toda su vida. Si lo detienen, se va a pudrir; si se muere, estará con Dios.» Uno de los hermanos, Bilal, llama a la madre de ambos y le pide que no llore mucho: «La gente puede morir en la carretera, en cualquier otro sitio. Todo lo que viene de Alá, bienvenido. Muchos se mueren consumiendo droga».

El periodista Jorge A. Rodríguez accedió a las grabaciones de las conversaciones de los agentes con los terroristas en Leganés. La Policía admitía no poder entrar ni dejarlos salir, «salvo desnudos».

—¡Salid uno de ahí, vamos a hablar!

—¡De acuerdo, voy a salir! —replicó alguien desde dentro.

—¡Venga: desnudo y con las manos en alto, desnudo!

No salió nadie. A las 21.03, de hecho, explotaron. Lo hicieron los siete terroristas llevándose por delante la vida del agente Francisco Javier Torronteras. Un trozo de metralla le perforó la femoral. Fue enterrado en el Cementerio Sur de Madrid. La madrugada del 19 de abril, su tumba fue profanada. Varias personas se llevaron el ataúd a un lugar apartado del camposanto, un área de nichos vacíos junto a un muro, y allí le clavaron una pala en el pecho y un pico en la cabeza. Mutilaron varios de sus miembros. Y le prendieron fuego. El humo alertó a uno de los vigilantes, que cuando llegó se encontró una escena macabra, pero ya no a los autores, que habían huido en un vehículo. El catedrático Fernando Reinares, autor del libro *¡Matadlos!*, una de las investigaciones más completas sobre los atentados del 11-M, llamó la atención en 2012 sobre la desmemoria de este caso, que fue finalmente sobreseído.

«La profanación de la tumba del subinspector Torronteras y el ultraje deparado a su cadáver, lejos de suscitar cierta significativa revulsión en la opinión pública, pasaron tan socialmente inadvertidas que de lo sucedido aquel 19 de abril de 2004 son pocos los que se acuerdan [...]. Quizás conmocionados aún por los atentados en los trenes de Cercanías, acaso distraídos en medio de la polémica sobre su autoría, los españoles no reaccionamos como pienso que hubiera sido lógico esperar ante semejante vilipendio de un servidor público que perdió la vida cumpliendo con el deber gracias al cual es posible una convivencia en libertad propia de las sociedades abiertas. Ni tampoco reaccionamos como correspondía ante la más que verosímil vejación a una víctima del terrorismo, como lo era Francisco Javier Torronteras, y por añadidura a las víctimas del terrorismo que eran y son también sus familiares.»

Mientras un edificio volaba en Leganés y moría Torronteras, Baby estaba de marcha en Avilés. Era sábado y el chico había salido de copas con unos amigos, de los que recuerda los nombres: Adri, Edu e Isaac. No recuerda qué hizo exactamente. Sí que se fue de bares con unos amigos que recuerda: Adri, Edu e Isaac.

Al día siguiente se enteró por el telediario de que aquellos tres hombres con los que compartió la madrugada de lluvia y nieve del 29 de febrero, guiándolos a la dinamita de Mina Conchita, se habían suicidado. La noticia abría todos los informativos del mundo. Ese mismo día su madre rompió aguas y fue llevada de urgencias al hospital. Baby tuvo un hermano, el cuarto hijo del Manzano y Pili, engendrado en prisión. El niño se llamó Manuel Ángel, hoy tiene doce años. Pili, su madre, tenía 36 entonces.

Baby fue a verlos al hospital con un amigo en moto, una Yamaha ZZR. Al salir los dos hicieron a toda velocidad la Ruta de la Plata, un tramo de la autovía entre Gijón y Sevilla; repleto de curvas y rectas, los dos pusieron la moto a doscientos kilómetros por hora.

Al Chino le sobrevivió el hachís. Tanto Baby como el Dinamita seguían vendiendo la última partida que el terrorista suicida había cambiado a Emilio Suárez Trashorras por la dinamita de las bombas. En Avilés, durante el mes de abril, muchos estaban fumando, sin saberlo, la droga del 11-M. Cuando se le acabó a Baby, ayudó al Dinamita a terminar de vender su partida. Hasta que la Policía vino a buscar a Javier González, *el Dinamita,* a Iván Granados, *Piraña,* a Carmen Toro, a Rubén Iglesias, el chico que se encontró con Emilio y Baby antes y después de ir con los terroristas a Mina Conchita, y a Emilio Llano, encargado de la mina.

Fue el 9 de junio. Las detenciones se produjeron al mismo tiempo, con un despliegue antiterrorista nunca visto en Avilés. La Travesía de la Vidriera, la calle de los chicos del Arbolón, se cerró a cal y canto, con coches blindados de la Guardia Civil y agentes con pasamontañas y ametralladoras para apresar a Iván. Baby dormía; su hermana Sara entró en su cuarto alarmada: todos los vecinos estaban asomados a las ventanas y formando un enorme círculo en la calle porque «se está montando ahí abajo una increíble». Baby saltó del colchón y levantó la persiana.

—Vienen a detener a alguien por el 11-M —le advirtió ella—. Lo están diciendo por ahí.

—Hostia puta —respondió Gabriel.

Se vistió rápidamente, un vaquero y una camiseta, y bajó a la calle. Reconoció, dice, a «un grupo de coleguitas» en medio del barullo de gente que se agolpaba fuera del cordón de seguridad. Baby, después de hablar con sus amigos, saltó el cordón y cruzó la carretera. Un agente encapuchado se dirigió rápidamente a él: «Que tú por ahí no pases», le dijo. «Voy un segundo hasta ahí, ya está, hombre.» Lo hizo y el agente fue hacia él. Baby se rio en su cara; el agente le dijo: «Ya se te quitarán las risas».

—Lo dijo, lo recuerdo perfectamente. Yo seguí riéndome. En aquella época era muy chulo.

Rio hasta que sacaron a Iván Granados, *Piraña,* por el portal. Su amigo estaba detenido. Llevaba algo encima de la cabeza y las manos esposadas. Lo subieron al coche y la caravana de vehículos arrancó dejando la calle abierta y a los curiosos dispersándose.

Baby fue hacia los padres de Piraña y les preguntó qué había pasado. Estaban tranquilos. «Se lo llevan por lo del 11-M», le dijeron. Le contaron que no estaban muy preocupados porque sabían que su hijo no había hecho nada y no tenía nada que ver con los atentados; confiaban en su palabra, él se lo había dicho. Miraron a Baby y le preguntaron si él sabía algo. Respondió que no sabía nada ni entendía por qué se estaban produciendo esas detenciones.

De ese día el recuerdo más claro que tiene fue la seguridad que tuvo de repente en su fortuna. Pensó: «Vale, han venido a detener a Piraña. Han detenido a Javi, han detenido a Toro, han detenido a la mujer de Emilio. A por mí no vienen ya. A por mí no vienen ya». Siguió pensando en casa: «Si han montado todo esto, todo. Si han cogido a unos cuantos... Si vienen, vendrán a por todos. Si no vienen a por mí es por algo. A por mí ya no vienen. Yo de ésta ya me libro».

A la mañana siguiente, jueves 10 de junio, con Javi, *el Dinamita,* ya detenido, Baby aprovechó que tenía una copia de llaves de su casa y se coló dentro para cogerle el coche. Un BMW 535. Le duró unas horas: apareció con él en una explanada del extrarradio de Avilés, en el barrio en el que había vivido con la abuela Chonita, y se puso a hacer de todo ante un público agradecido. Hizo trompos tirando de freno de mano, derrapes espectaculares, quemó rueda y pegó acelerones. Hasta que reventó el motor; allí se quedó el coche. «Fue robado, o llamarlo como queráis», dijo el Dinamita en el juicio. «Entró por la ventana. Jodió el cambio, frenos, el habitáculo lo tenía bastante mermado... Bueno, lo dejó para el desguace.»

Dos días después, el sábado 12 de junio, sonó el telefonillo en el piso de Baby. Era Adrián, un amigo del barrio. Contestó su hermana: Gabriel estaba durmiendo, ¿le dejaba algún recado? Adrián le dijo que cuando despertase fuese a buscarlo: si no estaba en su casa, estaría en la de su hermano. Baby bajó a la calle, pero Adrián no estaba en su piso. Así que se dirigió a casa del hermano. Hacía calor. Gafas de sol, vaquero, camiseta. Se cruzó con un vecino: hasta luego, hasta luego. Cuando llevaba caminados unos trescientos metros, un coche se paró en seco a su lado y vio salir de él a varios encapuchados. En un primer momento Baby creyó que iban a atracar un bar que estaba a su altura. Se quedó paralizado; los encapuchados se pusieron frente a él y le sacaron una placa mientras decían: «Guardia Civil, ¿nos acompañas?». «Como para no», respondió. Lo subieron al coche, le taparon la cabeza y lo llevaron al cuartel de la Guardia Civil de Bustiello. Al mismo tiempo, otros agentes estaban deteniendo en Salinas a Sergio Álvarez, *Amokachi*.

El viaje a Bustiello, de apenas cuatro kilómetros, fue en silencio. Cuando Baby llegó al cuartel, le destaparon la cabeza. Allí dos secretarios judiciales le leyeron los cargos de los que se le acusaba: colaboración con banda armada y transporte de explosivos.

Baby pensó: «Tuvo que ser Piraña. Tuvo que ser Piraña o tuvo que ser Javi. Si hubiese sido Emilio, me habrían detenido antes».

Dos semanas después, el sábado 25 de junio, Iván Reis Palicio, *Jimmy*, fue detenido en Santa Lucía de Tirajana (Las Palmas de Gran Canaria). Ocurrió mientras paseaba por la calle Gamonal del barrio de Vecindario. Lo esperaba desde que vio en las noticias al hombre al que había entregado una mochila en Madrid. Fuentes antiterroristas dijeron que se había refugiado en ese pequeño municipio en casa de unos familiares porque planeaba salir de España tras saber que habían sido detenidos todos los asturianos relacionados con Trashorras. En realidad, Jimmy se encontraba en las islas tras salir a la carrera de Asturias extorsionado por Antonio Toro y Richard.

DOCE

A las pocas horas del 12 de junio, la noticia estaba en la calle: «La Guardia Civil ha detenido hoy a otras dos personas en Asturias por su presunta implicación en el robo de los explosivos con los que se cometieron los atentados del 11 de marzo en Madrid, en concreto, con el transporte de la Goma-2 a Madrid. Uno de los detenidos es un menor, que ha sido detenido en Avilés, mientras que el otro, identificado como Sergio Álvarez Álvarez, de veintitrés años, ha sido arrestado en Salinas, en el municipio de Castrillón».

A Baby el viaje a Madrid se le hizo cortísimo. «La sensación era que estábamos viajando a toda velocidad», recuerda. Dice que lo hizo con un antifaz y esposado, y que durante todo el trayecto los agentes lo interrogaron, le avisaron del lío en el que estaba y de sus consecuencias. Dice que le daban collejas, se metían con él. «Me ponían a andar, vamos, nada que no esperase.» Cuando entraron en Madrid, el coche llegó a abrirse paso entre el tráfico mediante un megáfono.

Nada más llegar a los juzgados de la plaza de Castilla, lo metieron en un calabozo. Lo pusieron contra la pared, dice, con los brazos y las piernas extendidas tras sacarle el antifaz. Le dijeron que no se diese la vuelta hasta escuchar cómo se cerraba la puerta, y eso hizo Baby. Tras girarse vio que se encontraba en un pequeño calabozo, un habitáculo con un colchón tirado sobre la baldosa.

Su abogado de oficio se llamaba José Baeza. Cuando lo sacaron del calabozo, le ofrecieron desayunar. Después se lo llevaron al Juzgado de Menores, y más tarde a la Audiencia Nacional ante el juez Juan del Olmo y la fiscal Olga Sánchez. Allí se encontró con una enorme balanza y bolsas que decían que habían recuperado «de un piso de no sé qué», y Baby supuso que se referían al piso que había volado por los aires en Leganés. Decían que parecían ser las que utilizaron para llevar los explosivos, las bolsas que habrían bajado los asturianos a Madrid. Esas bolsas, sucias, llenas de tierra y polvo, las rellenaban el juez y un guardia civil con libros de la estantería del despacho del juez, y le pedían a Baby que las cargara a la espalda para que el chico calculase cuál era el peso aproximado de la que había llevado él a Madrid en febrero.

Entre medias, Javier González Díaz, *el Dinamita,* salió en libertad con fianza. Cuando llegó a su casa se encontró con que no tenía coche. Preguntó en Avilés por él hasta que alguien le dijo que se lo había cogido el Guaje. Según el Dinamita, el chico había entrado en su casa por la ventana, le había robado el coche y se lo había desguazado. Se presentó enfurecido a las puertas de su piso en la Travesía de la Vidriera para enfrentarse a la madre de Baby:

—Mira, voy a denunciar que me cogió el coche. No quiero perjudicarlo ni nada, pero yo no sé si hizo algo con el coche o no lo hizo.

Pilar Vidal le retiró la palabra («no volvió a dirigírmela», reconoció el Dinamita en el juicio). El hombre se fue a comisaría. Tres años después, delante del juez, reconocería entre risas que no le hicieron «ni puto caso».

La historia, sin embargo, tuvo más recorrido: en su relato de los hechos, Baby incluiría al Dinamita dentro de la trama de los explosivos del 11-M. Lo hizo a sabiendas de que mentía, pero movido por el rencor: sospechaba que su amigo lo había delatado y estaba enfadado por la denuncia del robo del coche. «Lo hizo por enemistad», dijo el Dinamita, acusado de tráfico, transporte y suministro de explosivos, delitos por los que se le pedían ocho años de cárcel. Javier González también recordaba otro conflicto: un enfrentamiento que tuvieron debido a que el Dinamita reñía a Baby por «vacilar» de dinero mientras en su casa faltaba y «pasaban hambre». «Yo sabía que no tenían ingresos.» Baby se enfadó con él («se puso un poco tonto») y lo amenazó con darle «un guantazo».

Encerrado, Baby recordaba los días posteriores a la detención de Emilio que pasó con el Dinamita, sus charlas, los consejos de aquel hombre mayor. Baby fue detenido pocos días después; entre Piraña y el Dinamita, creyó que había sido el Dinamita. Y contó, en su declaración en la Fiscalía de Menores y las sucesivas ante la fiscal y el juez Del Olmo, que Javier González había acompañado a Emilio a Mina Conchita a coger explosivos, que se había quedado vigilando. No sólo eso: afirmó que Emilio le contó que había ofrecido a Sergio *Amokachi* transportar explosivos a Madrid, lo cual era falso. También que era Iván Granados, *Piraña,* el que se hizo inseparable de Emilio, no él, y que la droga que solían consumir, y que siempre pagaba Emilio, era hachís (en el juicio, Granados se sonríe cuando lo escucha; Emilio no deja de comerse las uñas. La declaración de Baby sobre los viajes a la mina, de una hora de duración, y la frase «no olvides los tornillos, los clavos y las puntas» fue sobre lo que se cimentó la sentencia y condenó al Minero a 34.715 años de cárcel.

Cuando terminó de declarar la primera vez, cuando contó lo más grueso de la declaración que haría en el macrojuicio del 11-M tres años después (la relación de Emilio con los terroristas, los viajes a Madrid con las mochilas, los viajes a Mina Conchita del 28 de febrero), Baby pudo hablar por fin con su madre. Habían pasado cuatro días desde su detención. Lloraron los dos, apenas pudieron articular palabra. Luego fue trasladado al centro de menores Los Rosales, en Carabanchel, al que sería su particular prisión los siguientes seis años. Allí estaban treinta menores internos. El centro fue acondicionado en un viejo módulo de mujeres de la antigua cárcel de Carabanchel; se trataba de un centro de máxima seguridad. Los chicos apenas hablaban de lo que los había llevado hasta allí, pero acababan sabiendo todo de todos.

Allí recibió, al poco de ser encerrado, la visita de su madre, Pilar Vidal. Se vieron poco tiempo. Las visitas en Los Rosales podían ser de cuarenta y cinco minutos a la semana. El encuentro entre madre e hijo ni siquiera llegó a eso. Dice Gabriel que fue todo lágrimas. «Me vio un poquito, poquita cosa más.»

El 16 de noviembre, Baby se convirtió en el primer condenado por los atentados terroristas del 11-M. La Sala de lo Penal de la Audiencia Nacional se llenó de periodistas (había medio centenar). También asistieron varios familiares de las víctimas. Baby tuvo el apoyo de su madre y su hermana, Pilar y Tamara. Testificó detrás de un biombo, de espaldas al público. Se declaró culpable de los cargos de colaboración con banda armada por transporte de explosivos y aceptó la pena reclamada por la fiscal Blanca Rodríguez, que consistió en seis años de internamiento, cinco de libertad vigilada y seis de inhabilitación. La fiscal iba a reclamar ocho años de internamiento, lo que supondría la entrada de Baby en prisión al cumplir la mayoría de edad, pero la directora de Los Rosales, el centro de menores en el que Gabriel llevaba encerrado cinco meses, lo desaconsejó. El centro de menores, dijo en el juicio, lo apartaba de un medio social y familiar desfavorables, y la cárcel no era conveniente.

¿Qué ocurría en Los Rosales? Un artículo en *Diagonal* firmado por Eduardo Pérez, escrito cuatro años después del internamiento de Baby, en 2008, lo llamaba el Guantánamo de menores. «Al entrar te tratan como a un perro. Antes de saber siquiera si te portas bien o te portas mal, tienes dos vigilantes dándote rodillazos en la espalda y gritándote mientras te sientan. Es como si te hubiera cogido preso el bando contrario en una guerra. Luego te meten en una habitación, en un zulo, te tienen ahí encerrado durante días, porque siempre te dicen dos días, pero luego lo retrasan aunque te estés portando bien», dice uno de los testimonios recogidos por el periódico, que concluye el artículo con la frase de un exeducador:

«Es como la grúa. Aparcas mal, la grúa se lleva el coche y lo deja en un depósito. Cuando pagas tu pena, lo sacas y te lo llevas. Esto es lo mismo: el coche lo único que ha hecho dentro es envejecer y sigue con su mal funcionamiento. Si antes funcionaba mal, ahora funcionará peor».

Baby dice que había que ir allí y «pasar» de los educadores. «Se piensan que por ser malos son mejores. Pero es lo que les hacía ser la dirección del centro: malos, malos, malos y malos. No duros: malos. Había cuatro o cinco que se salvaban, que te ayudaban un poquito, charlaban contigo y demás, pero la mayoría de los educadores eran muy hijos de puta. Muy hijos de puta. Muy cabrones. Pero no sólo conmigo, ¿eh? Con todos, en general. No te hablaban las cosas. Si has hecho algo mal, pues lo más lógico es que lo hables y digas: "Oye, has hecho esto. Vamos a hacer esto". No, no. "Has hecho algo mal: vigilantes, con él a la habitación." "¿Me has insultado? Vigilantes, a la habitación y a pegarle." ¿Sabes? No había una reeducación. No había una reeducación, realmente.»

Gabriel Montoya Vidal se encontró en Los Rosales a los que serían sus compañeros; muchos de ellos se convirtieron en amigos suyos con los que sigue manteniendo relación. Allí estaba Nacho, que a los quince años había matado a tiros a un chico que le había tocado el culo a su novia. Asdín, que había matado a su novia, una chica griega. Mohamed, que estaba interno por robos. Federico, que había entrado en España desde Argentina con cocaína en el estómago y en la maleta. Estaba Rubén, un reincidente en alunizajes. Edison, perteneciente a una banda de Latin Kings que había apuñalado a un chaval. Allí se encontraba interno Ramón, un chaval que a los quince años, y en compañía de otros tres menores, raptó, violó, torturó y quemó, tras rociar de gasolina, aún con vida, a una chica de veintidós años con discapacidad intelectual, Sandra Palo.

Fuera de Los Rosales, Baby conserva amistad con Asdín, y lo hacía con Nacho, «un chaval de puta madre», que se murió en 2014 en un accidente de moto en Vallecas. Gabriel fue a visitar a su madre para darle el pésame. «Era un crío, un niño. Muy nervioso, muchísimo. Yo siempre estaba encima de él controlándolo.» Había cambiado de vida, del mismo modo que cambió Asdín. Del mismo modo que cambió Baby. «Cambias. Te da tiempo a corregir: éramos unos críos. Peligrosísimos, con muchos delitos detrás, pero con margen para corregir. No quiero justificar nada: lo hecho, hecho está. Pero había que ver de dónde veníamos, qué infancia habíamos tenido. No es excusa, pero, hostia, influye, ¿no?»

Baby dice que Los Rosales fue peor que una cárcel. Porque sospecha que en la cárcel podría haber ido más a su rollo, pero en el centro tenía la obligación de estar haciendo cosas durante toda la jornada. Si no cumplía algo, parte. Y así fueron pasando las primeras semanas, acumulando partes y castigos. Su entrada fue traumática. «Era muy rebelde —dice— y hacía lo que me daba la gana.» La cosa era así:

—Tienes que hacer esto.

—No me sale de los huevos hacerlo.

—¿No? Pues toma un parte.

«Recuerdo que fui a la prórroga de la cautelar de los tres meses, y cambiaron el juez por uno que se llamaba Vázquez Honrubia, que era un cabrón, y me dijo: "Si vuelvo a ver un parte tuyo, te fundo los plomos". Palabras textuales. "Si vuelvo a ver un parte tuyo, te fundo los plomos."»

En los primeros meses Gabriel tuvo hasta seis expedientes. Llegó a estar once días encerrado en una habitación. Dice Baby que, cuando se redactaba un parte en Los Rosales, al afectado le quitaban la ropa, los libros y lo encerraban en su habitación. También le retiraban el colchón por la mañana, para que no siguiese durmiendo. «Te lo quitaban todo —dice—. Salías una hora al patio por la mañana y, si te portabas bien, una hora al patio por la tarde. Solo. Sin nadie. Y si eran siete días, siete días así. O sea, no podías hacer nada. Yo llegué a estar, ya te digo, once días así del tirón.»

Cuando lamentaba su suerte, ¿no pensaba en que

había 192 personas muertas a causa de un atentado en el que había colaborado?

«No. Nunca, nunca. Nunca me he arrepentido delante de nadie. Nunca. Es más, al año siguiente hicieron un minuto de silencio por las víctimas. Salieron todos los educadores y menores y más. Y asistía quien quería a eso. No era obligatorio. A mí me preguntaron si quería ir y yo no fui [...]. No fui porque no me sentía... No me sentía preparado para ir. Para mí era como rebajarme.»

Un día un chaval del centro le dijo algo. Baby cree que lo hizo en broma, pero el caso es que le contestó: «Como vuelvas a decirme eso, te pego una hostia que te mato, que te asesino». Una educadora lo escuchó y le reprobó. Gabriel dijo que lo había dicho en broma. Le cayó un parte de tres días incomunicado. En Los Rosales no sólo estaba el primer condenado del 11-M: había asesinos, ladrones, violadores. Todos ellos menores de edad. La frase «que te asesino» se considera, en ese contexto, de gravedad. Pero Baby decidió recurrir al juez el castigo. Y cuando eso ocurre, se suspende cautelarmente esa sanción.

Aún enfadado, se metió en clase y le empezó a «comer la cabeza» a un compañero suyo, Guillermo, encerrado por robos con violencia. Los dos contaron para sus planes con un tercero, Andrés, que estaba «aún más pirado, estaba fatal el pobre».

—¿Cuándo lo hacemos?

—A la hora del descanso.

Tuvieron suerte. Se sumaron un par de ellos más. La misión era amotinarse. La puerta de esa aula se abría hacia dentro y contaban con una televisión encerrada en un armatoste de hierro para que no se pudiese tocar ni nada. «Y cogimos la mesa, que se movía, y la pusimos entre la puerta y la televisión.» Con la puerta bloqueada, sin que nadie pudiese entrar, pasaron el tiempo riéndose de los vigilantes. Con ellos habían encerrado a la clase entera y a una educadora. «La pobre estaba flipando. Era mayor y teníamos miedo de que le fuese a dar un ataque al corazón o algo.» Uno de los chavales fue hacia la cámara de seguridad y le dio la vuelta para que no se viese lo que ocurría dentro. «Para meter más tensión, más dolor», dice Baby. Los vigilantes, mientras tanto, trataban de derribar la puerta a patadas. Al ser de hierro, y tener encajada detrás otra mesa del mismo material, les era imposible acceder.

Después de una hora, los adolescentes se cansaron. Se cansaron, dice Baby, de reírse de los guardas. Había una ventana con barrotes en el segundo piso. Si no llegaban a abrir la puerta los guardias, siempre podrían descolgarse por allí con una radial, dice. Entraron protegiéndose con los escudos y pegando porrazos. A Baby, como cabecilla, le cayeron días encerrado, incomunicado e inhabilitado, que se sumaron a los tres que había recurrido sin éxito al juez. Acumularía otros tres más por ayudar a un compañero. Estaba lavándose los dientes cuando vio pasar a cinco vigilantes en dirección a un chico. Le empezaron a pegar, y Baby salió del baño:

—Joder, menudos maricones, que entráis cinco a pegarle a uno —dijo. Y acto seguido les tiró una silla por la espalda.

Para entonces ya había cumplido una semana de castigo. Ocurrió cuando Baby estaba con varios compañeros y le dijo a uno:

—Joder, Dani, imagínate aquí, ahora, con unos cubatas, unas rayas...

Un educador lo escuchó y le dijo que le iba a poner un parte leve por esa frase. Baby se quejó. El educador lo mandó a su habitación.

—No me da la gana. No me sale de los cojones. Ahora me vas a poner un parte grave.

El educador avisó a un vigilante que a Baby le caía bien.

—Venga, Gabriel, vamos para la habitación, anda. No vamos a montarla.

—Anda, vamos, Antonio —contestó.

El educador se dirigió a él y, según Baby, le dijo:

—Ahora ya no es grave, es muy grave.

—No me sale de los cojones —volvió a contestar Baby—. A ver quién me saca a mí de aquí.

Cuando el parte era muy grave la habitación a la que enviaban al menor era una especial, de aislamiento. Cuando estaba allí dentro, Baby cogió el colchón de la cama, lo puso contra la puerta y al primer vigilante que entró le soltó un sillazo en la cabeza. Entraron más a por él; lo cogieron del cuello, lo maniataron y lo tumbaron en la cama con la rodilla en la cara, mientras él no paraba de insultarlos: «¡Hijos de puta!». También les escupía. En medio del forcejeo, a un vigilante, dice Baby, se le fue en exceso la mano y el chico le dijo: «Mira a ver, porque a mí me dan igual 192 que 193».

Lo dejaron esposado. Cuando cerraron la puerta, Baby se dirigió hacia ella y empezó a darle patadas hasta que volvieron a entrar y le pusieron unas bridas en las piernas. Pasó así la noche, inmovilizado.

Gabriel Montoya dejó la adolescencia en Los Rosales. Con ella, dice, la violencia. Su ánimo se empezó a calmar. Pese a todo, aún tuvo una nueva muestra de su carácter cuando se presentaron el 16 de marzo en el centro el juez Del Olmo y la fiscal Olga Sánchez. Los dos querían una nueva declaración de Baby. Y Baby mintió. Echó mano de una «excusa clásica», dice ahora: que su versión fue promovida por la Guardia Civil. Según él, los agentes le pidieron que declarase que había hecho el viaje a Madrid, que había llevado a los magrebíes a la mina. Dijo que él se había quedado en la casa antigua de Emilio jugando a la consola y que fue el exminero el que acompañó a los tres terroristas.

Baby ya había sido condenado con su declaración anterior. ¿Por qué de repente ésta? «Estaba harto: de ellos, de mí, de que me preguntasen. Me saqué de en medio. Les dije que yo no había ido a ninguna parte y que me dejasen en paz. Que lo que había declarado hasta entonces había sido porque me lo había exigido la Policía, vamos, lo de siempre.» Las pruebas que desmontaban esa versión (con detalles que él había dado de su viaje con Emilio y con los terroristas, y con los terroristas en solitario, y que sólo podía conocer alguien que estuviese allí, y que habían sido contrastadas con llamadas en el móvil unas y con el propio Emilio otras) eran tan abrumadoras que al momento recuperó su versión inicial.

—Les dije que no había ido a ningún sitio ni nada. Que había estado en casa de Emilio jugando a la Play. Pero bueno, luego les dije otra vez la verdad y no pasó nada. En el juicio, el abogado de Emilio me dijo: «Tú, en el juzgado, dijiste que era mentira, que tú no habías ido a ningún sitio». Le dije que eso era mentira, que yo en el juzgado no dije eso. «Sí, sí, tú, en el juzgado...» Y yo dije: «Yo en el juzgado no dije eso, eso es mentira, eso fue en el centro». Y se quedó así, el otro, y le dijo al juez: «Está mintiendo». Y el juez dijo: «No está mintiendo, es verdad, fue en el centro». Porque fueron a hacerme la declaración al centro, no fui yo al juzgado con el juez Del Olmo. Estuvimos cerca de tres horas y pico.

Baby era el más famoso del centro; los periodistas trataban de conseguir periódicamente información relacionada con él. Su testimonio era el esqueje principal de la sentencia del 11-M en lo que afectaba a la obtención del explosivo. Dentro de Los Rosales había cuatro módulos, y en cada módulo cinco habitaciones. Dos de ellas eran compartidas por menores que no tenían delitos muy graves. En las individuales, los demás.

El despertador sonaba a las ocho de la mañana. Cada uno se hacía la habitación y se duchaba. Después, los que estudiaban se iban a clase y los otros a hacer el taller en el que estuviesen apuntados. Baby estudió hasta sacarse el graduado escolar. Cuando terminó de estudiar, se puso a trabajar en el centro. Como carpintero, a media jornada y por algo más de quinientos euros («de puta madre»). Hacía juguetes que luego vendía un centro comercial.

En 2007 se celebró en Madrid el macrojuicio del 11-M. Baby tuvo que salir un día de marzo para ir a declarar. Le dijeron que debía estar allí sobre las once de la mañana. Lo trasladaron y lo metieron en un calabozo hasta las seis de la tarde. Se echó e intentó dormir: dio vueltas hasta conseguirlo un par de horas. Alrededor había más calabozos, casi todos ocupados por magrebíes que hablaban entre ellos a gritos. Cuando tuvo que ir al baño, Baby atravesó el pasillo y fue observando a los presos dentro de los calabozos improvisados en un pabellón de la Audiencia Nacional en la Casa de Campo. Justo enfrente de la puerta del baño, en la última de las celdas, estaba Emilio Suárez Trashorras. La piel blanca mortecina, recuerda Baby, menos pelo, con más peso. Habían pasado tres años desde la última vez que se vieron, desde la llamada al telefonillo de Emilio en la que había pedido a la hermana de Baby que no lo despertase.

—¿Qué tal? —le dijo el exminero tras mirarlo detenidamente.

Gabriel pasó de largo. Estaba, dice, resentido. Recordó también ver en el mismo calabozo a Antonio Toro y Rafá Zouhier. Con Toro se paró un momento con algunas palabras de cortesía (qué tal, bien, pues aquí); «fue un poco ridículo», dice Baby. Añade que no le pareció adecuado contestar a Emilio. «Después de todo lo que había pasado. No por su culpa todo, también por la mía, pero, joder.»

Había otro motivo para el resentimiento de Baby. Cuando se enteró de que Emilio había sido detenido, el chico le escribió una carta que Emilio no contestó. A ella tuvo acceso el diario *El Mundo:* «Hola, mineruzo. Tú has sido un colega de *verda* y lo *sigiras* siendo. Ahora estoy currando haciendo aceras para sacar pasta y poder ir a *berte* que ya tengo muchas ganas cabronazo. Acuérdate de que tienes un colega para siempre, para lo que quieras».

Su pasión en Los Rosales fue el teatro. Se empezaron a dar clases en el centro y Gabriel se metió en ellas. Tras cursar una petición, se consiguió formar un grupo propio que saliese fuera a los escenarios a representar obras. Empezaron siendo seis internos. Al proyecto se sumaron más, hasta que Baby fue el interno más antiguo. No sólo de su grupo de teatro, también del centro de menores (salió con veintidós años).

—Había un chaval muy ingenioso que decía que primero estaba Gabriel, el asturiano, y luego montaron el centro alrededor.

En Los Rosales, Baby fue uno de los fundadores del grupo de teatro La Baraka, y empezó a hacer representaciones por la comunidad de Madrid. Dice que la mejor que hicieron fue en el CaixaForum de Madrid. Representaban *Dinero,* una adaptación de *Pluto* de Aristófanes, y Baby interpretaba a Cremilo, el protagonista: un hombre que se cree un virtuoso sin dinero. La obra del CaixaForum reunió a trescientas personas y mereció ser noticia en el telediario de Antena 3. «Un agente de Policía está apostado en la puerta del camerino vigilando que los actores no se escapen», dice la voz en *off* de la redactora. Entre bambalinas, con los rostros difuminados de los chavales, se hacen los retoques de maquillaje de última hora y se llevan a cabo, con nervios, ensayos improvisados. En la grabación televisiva de uno de ellos se reconoce fácilmente el acento de un asturiano, Baby.

Era el año 2010. Baby ya no era el crío pequeño y flaco que en 2004 guio a tres terroristas suicidas a Mina Conchita. Mide más de 1,90, y llama la atención su piel oscura de gitano. «Es muy alto, delgado, atlético, con éxito entre las chicas. La piel algo bronceada. Pelo corto», lo describe el periodista Martín Mucha de *El Mundo.* «Nosotros íbamos felices», dice. No faltaban los problemas. Se dirigían a representar su obra de Aristófanes escoltados por furgones de los antidisturbios. Baby recuerda que un día los metieron en un furgón que tenía un cristal roto. «Cuando parábamos en el semáforo, si había algún negro, alguno asomaba la cabeza y decía: "¡Policía, los papeles!". Y, claro, el tío echaba a correr calle arriba.»

En los viajes se sucedían los insultos y cánticos contra los agentes que los trasladaban. Baby recuerda que un día la tomaron con un Policía del que se enteraron que se llamaba Carmelo. Todos al unísono se pusieron a cantar «Carmelo se folló a la mujer de su compañero». El furgón frenó en seco, Carmelo bajó allí mismo y, alarmados, bajaron los antidisturbios que iban detrás de escolta. «La próxima vez que cantéis eso os hinchamos a hostias.»

—Los Rosales era lo más peligroso. Las obras eran un espectáculo: Policía delante del camerino, secretas entre el público y antidisturbios fuera. Te preguntaban y decías Los Rosales y ya te estaban contestando: «Joder, Los Rosales: los peores, los peores, los peores».

Ese año 2010 era el último de Baby en el centro. El diario asturiano *El Comercio* anunció: «El Gitanillo saldrá en libertad en junio y planea ser actor». Dice que lo pensó seriamente, que le gustaba la interpretación. Pero dónde, se pregunta. «Estaría bien haber seguido con el mismo grupo y seguir haciendo obras, como hacíamos.» Fuera del centro de menores nunca buscó otro grupo de teatro. «No tienes el mismo *feeling* que tenías con los compañeros allí, que ya sabías cómo y demás. Estuvimos un par de años juntos e hicimos bastantes obras. Bueno, la misma obra la hicimos unas cuantas veces», dice.

Ese año, Baby ya empezó a tener permisos de diez horas fuera del centro para que se fuese acostumbrando a la libertad. Cuando le tocaba, pasaba el día acompañado de un educador y su familia. Manuel Ángel, el pequeño de la casa, ya tenía seis años. Paseaban por Madrid, iban al parque de atracciones. Era un perfecto anónimo; sigue siéndolo. El sábado 12 de junio de 2010 salió de Los Rosales para siempre. Había empezado el Mundial de Sudáfrica. Contador ganó en Alpe d'Huez (fue el Tour del chuletón: en septiembre dio positivo por clembuterol y lo justificó con el consumo de carne).

Miguel Ángel Montoya, *el Manzano,* ya estaba en libertad. Se había separado de su mujer. La pareja volvió a juntarse para prepararle una fiesta en un bar de Avilés cuando el chico salió. Fueron los Montoya y los Vidal. Gabriel fue el asombro de todos: en seis años, los que estuvo encerrado, pasó de medir 1,60 y pesar cincuenta y cinco kilos a medir 1,92 y pesar noventa kilos. Volvió a probar el alcohol. Dos cervezas, dice, y se emborrachó con ellas. «Me fui para casa a dormir.» Regresó a su cuarto de la Travesía de la Vidriera. El día siguiente lo dedicó a seguir visitando familiares. De noche, salió a cenar con sus hermanas y sus padres.

No le importaba estar en casa. «No sé si le pasa a más gente que está encerrada, pero al salir no estaba incómodo entre cuatro paredes. No tenía el cuerpo hecho a la calle.» El Mundial ayudó; Baby se echaba en el sofá viendo partidos. Un sábado escuchó que su hermana Sara, que ya tenía veintidós años, se iba de marcha por Avilés con sus amigos. La vio salir y Baby preguntó a su madre adónde iba. Pili le dio la dirección de un bar y Baby cogió dinero y se dirigió allí. Ella le presentó al grupo, también a su novio («le daba vergüenza; claro, yo era el hermano mayor»), y juntos salieron de copas. Poco a poco encontró un nuevo grupo de amigos. El cambio físico ayudaba: a mucha gente le costaba relacionar a aquel grandullón con el gitano canijo que no se separaba de Emilio los meses previos al 11-M. Le delataba el ojo caído, el «ojo pipa», que le decían. Pero era fácil pensar que tenía una vida nueva y alejada de aquello: era como si viviese en otro cuerpo.

Una noche se cruzó a Carmen Toro en una discoteca. Mantuvieron entre copas una rápida conversación tras preguntarse qué tal estaban. Según Baby, ella le dijo: «Tú no tienes culpa de nada. Fue el otro, que era un hijo de puta», en referencia a su exmarido, Emilio Suárez Trashorras. Baby no quiso responder. «No quise meter mierda. Estaba ya con otro tío, estaba con otro tío por ahí.» Con Piraña la conversación fue aún más breve; dice Baby que después de tanto tiempo, y de lo que había ocurrido, parecía que les daba reparo cruzarse. Supo que tenía una hija y que estaba alejado de problemas y de malas compañías. Iván Granados, que pasó por la prisión preventiva, fue absuelto.

Dos años después de salir, Baby se enteró de que su viejo amigo el Dinamita había abierto un bar. Acudió allí, dice, «con toda mi cara». Entró solo, se apoyó en la barra y pidió una cerveza. Javier González, ya con el pelo y el bigote encanecidos, estaba jugando a las cartas. Según Baby, cuando lo vio dijo desde la mesa: «O sales de aquí o te parto la cara». Baby se encogió de hombros:

—¿Cómo?

—Que o sales —repitió el Dinamita ya de pie— o te parto la cara.

—Inténtalo —dijo Baby.

—Porque eres un chivato —le respondió encarándose su examigo.

—¿Yo soy un chivato?

—Sí, porque por tu culpa estuve yo dentro.

Los dos se enzarzaron en una discusión. Baby dice que le recordó que fue a él, al Dinamita, al que detuvieron antes, y que por tanto no podía haberlo delatado. «Si tan listo eres ponte a mirar las fechas.» Baby cuenta que llegaron a una especie de punto de entendimiento. Lo cierto es que Baby no pudo tener nada que ver con la detención del Dinamita, pero sus declaraciones posteriores sí lo incriminaron. En la decisiva, se echó para atrás y contó la verdad. Realmente, el Dinamita, dice, no había tenido nada que ver con el 11-M, como finalmente recogió la sentencia: fue absuelto. Ni Antonio Toro, dice Baby, a pesar de que Toro sí fue condenado a cuatro años por suministro de explosivos. Ni Iván Granados, *Piraña,* que rechazó viajar a Madrid con la mochila y cuyo testimonio fue decisivo para revelar que eran explosivos lo que ofrecía llevar Emilio a Madrid en esas bolsas.

La conversación de aquel día entre el Dinamita y Baby se suavizó. Cuenta Gabriel que entonces el hombre quiso sonsacarle. Le dijo: «Ya me he enterado de que andas por ahí vendiendo otra vez». Baby respondió que estaba mal informado. Delante de un par de cervezas, el Dinamita insistió: «Me lo ha dicho alguien de buen ojo». Baby volvió a decirle que era mentira. Tras su salida en 2010, Baby vivía, en cualquier caso, en libertad vigilada.

—Se le llama así porque tienes que presentarte en tal sitio. Más que una libertad vigilada es un apoyo. Es como yo lo vi. Un apoyo para buscar empleo, buscar formación. Si tienes algún problema, tienes un psicólogo con el que hablar. No es una vigilancia con la que vayan persiguiéndote ni nada. Sí es verdad que si cometes un delito en ese tiempo te perjudica mucho más. Yo hablaba con un trabajador social. Él me ayudaba a buscar trabajo, me indicaba páginas de empleo y, si tenía que hacer algún papel, me ayudaba.

No volvió a tener más relación con Piraña ni con el Dinamita, ni con la pandilla del Arbolón, los porreros que mataban el tiempo seis años antes en su portal. Veía a la gente en la calle, en los bares, y se despachaban con un hola y adiós.

Sí tuvo, desde su salida, dos relaciones amorosas. Una en 2013; terminaron rompiendo por las presiones familiares de ella: la chica estaba emparentada con una de las estirpes empresariales más conocidas de España. La ruptura ocurrió en diciembre.

En febrero de 2014 Baby conoció a la que es su actual pareja. Se la presentaron unos amigos de Avilés que ya sabían del pasado de Gabriel Montoya. Él, siempre que hablaba con gente nueva, tenía una parte de su vida en blanco, una zona intocable: la que iba desde los dieciséis años a los veintidós.

Se gustaron y se enamoraron sin que ella supiese nada de su vida anterior.

Mientras tanto, Baby era una pieza codiciada por los periodistas. A uno que estaba en mitad de la carretera casi lo atropella. Baby, «alto como un castillo», según dijo el Dinamita a la prensa, había salido del portal y se lo encontró de bruces. Giró la cara para que no lo grabase y se metió corriendo en su coche, que estaba aparcado en la calle. Allí se quedó controlándolo por el retrovisor. El periodista seguía con la cámara grabándolo y se fue acercando al vehículo. Gabriel puso la marcha atrás y aceleró a toda velocidad; tras estar a punto de atropellarlo, se bajó del coche y le pidió la cámara para saber lo que estaba grabando. No se la rompió, dice, porque no quería meterse en líos.

A causa de otro problema con los periodistas fue

como su chica conoció por fin su pasado. Ocurrió tras salir a la calle para ir a firmar su libertad vigilada; su madre, Pilar, lo llamó al móvil para decirle que en el portal se encontraban dos periodistas, y que uno de ellos tenía una cámara. Gabriel, que entonces tenía veintiséis años, ya estaba en casa con un amigo y con su novia.

—¡Me tienen hasta la polla los periodistas! Una de dos: o los echo a patadas o ya no sé qué hacer con ellos.

Bajó con un pasamontañas y se subió al coche de su amigo (un Renault 19 granate, según informó el propio periódico). Con ellos se montaron dos amigos más, a los que anunció: «Ya están otra vez esos hijos de puta ahí fuera con las cámaras». El vehículo se acercó adonde estaban los reporteros «dando acelerones y frenazos al vehículo por la avenida de Gijón y la Travesía de la Vidriera», según escribieron. Una vez a su altura, uno de los amigos bajó y les gritó, según Baby, «ya estáis tocando los cojones otra vez, ¡fuera de aquí ya, mecago en Dios!».

Baby pasó de nuevo con el coche y se paró frente a ellos con el pasamontañas puesto:

—Qué quieres, ¿una foto? Házmela ahora.

Tras regresar a casa de unos amigos después de meterse con dos reporteros, ella preguntó qué había pasado. Baby recuerda la conversación.

—Nada, unas historias.

—Pero unas historias de qué.

Dice Baby que miró al amigo que estaba con ellos, que le devolvió la mirada.

—Es muy complicado de contar.

—¿Has hecho algo malo? ¿Ha ocurrido algo?

—Sí —respondió él.

—¿Qué?

—Es difícil, difícil de contar. Tiene que ver con algo que pasó hace años.

—¿Cómo difícil? ¿Qué pasó? ¿mataste a alguien?

—No. —Baby no sabía si se lo preguntaba de broma, exagerando. Pero ella insistió citando delitos hasta que él la cortó. Con ellos estaban tres amigos más.

—Tú te acuerdas del 11-M, claro.

—Sí.

A ella, dice Baby, se le fue el color de la cara.

—¿Recuerdas que hubo gente metida de Asturias?

—Sí.

—¿Te acuerdas de que había un menor de edad?

—Sí.

—Pues ese menor era yo.

Gabriel dice que se quedó sorprendida y asustada. Que luego, con el tiempo, lo fue aceptando. Los dos terminaron marchándose de Avilés al pueblo de ella, fuera de Asturias.

Al día siguiente, debido al problema que había

tenido con los periodistas, salió una foto suya publicada en *La Nueva España.* La primera que se podía ver del menor del 11-M. Con pasamontañas, fuera de sí.

Doce años después del 11-M, Rafá Zouhier se encuentra en Marruecos, expulsado por el Gobierno español en 2014; quiso quedarse a toda costa avisando de que en su país lo matarían. Incluso llegó a casarse en prisión con una española. Siempre se declaró «superinocente» y dijo tener la conciencia «superlimpia».

Antonio Toro se encuentra en la cárcel de Villabona. A finales de 2015 fue rechazada su excarcelación porque, según el juez de Vigilancia Penitenciaria, «asume su responsabilidad delictiva, pero no en los delitos de tenencia de explosivos, que justifica explicando que se guardaban en el mismo lugar que las drogas», dijo en referencia a la condena de la Operación Pipol. Porque además de la del 11-M, acumula otras dos condenas por tráfico de explosivos y drogas; en la cárcel hace un ciclo de carpintería. Su hermana Carmen Toro tuvo un bar en Avilés que acabó cerrando.

Un año después del juicio en el que declaró como imputado, Ricardo Gutiérrez Sepúlveda, *Richard,* socio de Antonio Toro, tuvo un enfrentamiento con uno de los empresarios de la noche más conocidos de Avilés, José Luis Lazcano, padre de un chico asesinado a balazos en el poblado de La Maruca. Según informó la prensa local, Richard habría pegado al hombre como parte de un ajuste de cuentas. Una semana después, los Lazcano fueron a por él, lo atraparon y le propinaron una paliza. Richard, al que también acusaron después del juicio del 11-M de tirar a una mujer por la ventana, denunció a Lazcano y la justicia le dio la razón. Cuando informó *La Nueva España* de la sentencia, Richard envió una carta al director para hacer una aclaración llamativa: «En ningún momento ha habido malas relaciones entre el Richard y los Lazcano; lo único acontecido es que tanto el padre, Luis Lazcano, como el hijo, José Luis, fueron condenados a penas de cárcel por agresiones a mi persona, lo que es muy diferente a que yo tuviese malas relaciones con la familia en general».

Emilio Suárez Trashorras salió por primera vez de la cárcel en noviembre de 2015 para despedir a su madre cuando ésta se encontraba a punto de morir. Para asistir a su entierro, sin embargo, ya no salió. Su conducta en la cárcel de El Dueso es ejemplar, cuida perros como parte de una terapia y profundiza en la fe evangélica. «Empecé a escuchar la Palabra, y a leer mi biblia ilusionado, y vi que funcionaba porque empecé a pedirle cosas a Dios y me concedía las cosas que le pedía», escribió en un artículo en la cárcel. También hace sus pinitos como escritor: en 2013 ganó el segundo premio del concurso de relatos cortos Ángel Guerra, que promueve la Fundación Mapfre Guanarteme para presos de toda España. El relato de Emilio Suárez Trashorras se titulaba *Gritó* y destacaba, según el jurado, por su ejecución y sencillez. «Él se acerca a ella. Da tumbos. Ella huye, pero no del todo. Se gira y lo mira, lo mira llorando, empapada de algo, de lágrimas o de lluvia. Se acerca a él, lo abraza, él se entrega... La abraza también. Un movimiento rápido... Se separa de ella, la deja caer y corre», se lee en el cuento premiado de Emilio. Una búsqueda en Google demuestra que se trata del plagio del relato de una autora, Marisa Morata Hurtado, a la que publicó un libro el Gobierno de Murcia en 2006, cuando ella tenía diecinueve años.

Javier González, *el Dinamita,* le dijo en 2014 al periodista de *La Nueva España* Luis Ángel Vega que la imputación en los atentados le causó problemas con su pareja y su familia política. En 2014 trabajaba para abrir un bar en Valliniello. De Baby relató al periódico lo que le dijo a él en el encuentro que tuvieron: «Vive en Avilés y anda vendiendo por ahí».

Iván Reis Palicio, *Jimmy,* con pareja e hijas, vive en Avilés. Como Sergio Álvarez, *Amokachi,* se encuentra en libertad tras cumplir condena por transportar explosivos del 11-M.

Gabriel Montoya Vidal, *Baby,* se encontraba trabajando hasta febrero de 2016 en una empresa de transportes en la que se sentía explotado; tenía numerosos conflictos con su jefe. Se levantaba a las seis de la mañana y, tras la pausa del mediodía, regresaba a trabajar hasta las siete de la tarde. Finalmente, abandonó la empresa acusándola de robar material que tenía que ser repartido en sus furgonetas. Vive con su novia y con dos perros en un pueblo pequeño del norte; uno de los perros es un bichón maltés de cinco años y el otro, más joven, un stanford inglés. Ya nadie lo llama Baby, sólo su chica. Tampoco el Guaje. Mucho menos el Gitanillo. Es Gabri o Gabriel. Dice que en el futuro le gustaría tener una casa, hijos y animales. «Si puede ser alejado del mundo, mejor», dice.

Si se le pregunta si se arrepiente de lo que hizo, responde que no. Dice que no se arrepiente de lo que hizo, pero sí de lo que pasó. Cuando se le hace ver la incongruencia de la frase, zanja: «Es mi manera de verlo. Murió mucha gente que no tendría que haber muerto y demás, pero si necesitas el dinero, ¿qué haces?».

Si se le hace ver que en esos trenes podrían haber viajado su madre y sus hermanas, o su hermano pequeño, responde dos veces «exactamente». Porque había madres y hermanas, y hermanos pequeños, de otras familias. «Exactamente —repite—. Y te arrepientes. Sí te arrepientes de lo que pasa.» Dice que nunca lloró, que vio escenas escabrosas del atentado y que no lloró. Se considera colaborador involuntario de los atentados del 11-M. Si se le pregunta si hubiera bajado la mochila y guiado a los terroristas a la mina de saber que la dinamita era para poner bombas en trenes llenos de gente, contesta que «ahora mismo, no», pero «en aquella época...».

Si se le pregunta si entonces alguien le hubiera anunciado: «Esto es para matar a doscientas personas en trenes llenos de gente, de niños...», él habría hecho lo mismo, responde que «igual me lo pensaría mucho». Que no lo sabe. En esos años, dice, era «un bala perdida, un cabra, un cabra loca».

Si se le pregunta si no pensaba, responde que no. «No pensaba. Yo a veces iba con Emilio, íbamos a cobrar alguna deuda y llevaba la pistola encima. Y si sale mal, a tiros. Y no pensaba. Si sale mal, coges la pistola y le pegas un par de tiros. Y no piensas que le quitas la vida a alguien.» ¿Y la cárcel? «No lo piensas. Realmente, no piensas lo que puede suceder. Tampoco es que digas: "Buah, era un crío, no pasa nada". No: sí pasa. Pero yo qué sé. Te arrepientes de las muertes que ha habido y demás. Es arrepentimiento, pero te queda ahí un poquito de decir "bueno..."»

Madrid, marzo de 2016

DRAMATIS PERSONAE

Abdennabi Kounjaa, uno de los terroristas que viajó a Mina Conchita, suicida de Leganés.

Agripina Trashorras, apodada Conchita, madre de Emilio Suárez Trashorras.

Amokachi, apodo de Sergio Álvarez, joven de Avilés que transportó dinamita a Madrid.

Andrés, compañero de correccional, y de motín, de Baby.

Andrés, padre de Pilar Vidal, muerto muy pronto, abuelo materno de Baby.

Antonio Toro, traficante de drogas, amigo, cuñado y compinche de Emilio.

Asdín, compañero de correccional de Baby.

Asrih Rifaat Anouar, suicida de Leganés.

Baby, apodo de Gabriel Montoya Vidal, también llamado el Gitanillo por la prensa o el Guaje en su barrio. Delincuente juvenil, traficante de hachís, muy unido a Emilio Suárez Trashorras en vísperas del 11-M. Transportó dinamita de Asturias a Madrid.

Bilal Ahmidan, hijo de Jamal Ahmidan.

Blanca Rodríguez, fiscal.

Chino, Mowgli, apodos de Jamal Ahmidan, traficante de drogas de Carabanchel, suicida de Leganés.

Chonita, nombre por el que se conoce a Asunción, madre de Pilar Vidal, abuela materna de Baby.

Dinamita, apodo de Javier González Díaz, traficante de dinamita y de hachís, de cincuenta años en la época del 11-M, conoció a Baby trabajando en una obra de la construcción.

Edison, compañero de correccional de Baby.

Edu, vecino y amigo de Baby.

Emilio Llano Álvarez, encargado de Mina Conchita.

Emilio Suárez Trashorras, delincuente, traficante de drogas y de explosivos, confidente de la Policía.

Federico, compañero de correccional de Baby.

Felisa, apodada la Peque, madre de Miguel Ángel Montoya, abuela de Baby.

Francisco José Lavandera, empleado del club Horóscopo, confidente.

Guillermo, compañero de correccional y de motín de Baby.

Jesús Campillo, agente de la Guardia Civil al que daba los soplos Lavandera.

Jimmy, apodo de Iván Reis Palicio, conocido de Toro. Transportó dinamita a Madrid.

José Baeza, abogado de oficio de Gabriel Montoya Vidal, *Baby*.

José Manuel Suárez, padre de Emilio Suárez Trashorras.

Juan del Olmo, juez.

Lofti Sbai, traficante, uno de los narcos más poderosos de Madrid en 2003, hijo de un coronel del Ejército marroquí, compañero de andanzas de Rafá Zouhier.

Lorena, apodo de Elisángela Barbosa, prostituta del Horóscopo, luego mujer de Lavandera. Muerta, ahogada en una playa gijonesa, a los veintidós años.

Manolón, apodo de Manuel García Rodríguez, inspector de Avilés que tenía a Emilio Suárez Trashorras como confidente.

Manuel Ángel Montoya, hermano pequeño de Baby.

Manuel Montoya, padre de Miguel Ángel Montoya, abuelo de Baby.

Manzano, apodo de Miguel Ángel Montoya, delincuente y padre de Baby.

María del Carmen Toro, mujer de Emilio, hermana de Antonio Toro.

Mercedes Suárez Trashorras, hermana de Emilio Suárez Trashorras.

Mohamed Oulad Akcha, apodado por la banda asturiana como el Risitas, suicida de Leganés, uno de los que viajó a Mina Conchita.

Nacho, compañero de correccional de Baby.

Nayo, confidente de la Policía que denunció contactos de Toro con ETA.

Olga Sánchez, fiscal.

Pablo Álvarez Noya, amigo de Emilio con el que viajó a Madrid, donde vio al Chino.

Piraña, apodo de Iván Granados, amigo de Baby y Emilio. Junto con Baby, «fiel infantería de Trashorras», hasta que rechazó viajar con explosivos a Madrid.

Rachid Aglif, apodado el Niño, amigo de la infancia y lugarteniente de Jamal Ahmidan, *el Chino,* y compañero habitual de correrías de Rafá Zouhier.

Rachid Oulad Akcha, suicida de Leganés, hermano del Risitas.

Rafá Zouhier, traficante, ladrón de joyerías. Conoció a Toro en la cárcel. Él le presentó al Chino. Confidente de la Guardia Civil.

Ramón, compañero de correccional de Baby, uno de los asesinos de Sandra Palo.

Raúl Álvarez, apodado Rulo, trabajador de Mina Conchita.

Richard, apodo de Ricardo Gutiérrez Sepúlveda, socio de Toro, junto al que supuestamente extorsionó a Iván Reis, *Jimmy.*

Rosa, viuda del Chino.

Rubén, compañero de correccional de Baby.

Rubén Iglesias, amigo y «cliente» de Emilio Trashorras.

Sara Montoya Vidal, hermana de Baby.

Tamara Montoya Vidal, hermana mayor de Baby.

Tunecino, apodo de Serhane Ben Abdelmajid Fakhet, suicida de Leganés y amigo influyente del Chino.

Yassim Nordim, portero de discoteca, amigo de Rafá Zouhier.

Yoni, apodado también Garban, por Garbancito, primo y amigo de infancia de Baby.

Manuel Jabois (Sanxenxo, Pontevedra, 1978) es periodista y escritor. Ha publicado los libros *Irse a Madrid*, *Grupo salvaje* y *Manu*. Sus comentarios, análisis y artículos pueden seguirse asiduamente en los medios más influyentes del país. En ellos explora y explica la realidad con un estilo único que le ha llevado a ser considerado uno de los cronistas más originales del momento.

Este libro se imprimió
en Cayfosa